o
essencial da
ilustração

O essencial da ilustração

Editora Senac São Paulo – São Paulo – 2012

ADMINISTRAÇÃO REGIONAL DO SENAC
NO ESTADO DE SÃO PAULO
Presidente do Conselho Regional: Abram Szajman
Diretor do Departamento Regional: Luiz Francisco de A. Salgado
Superintende Universitário e de Desenvolvimento:
 Luiz Carlos Dourado

EDITORA SENAC SÃO PAULO
Conselho Editorial: Luiz Francisco de A. Salgado
 Luiz Carlos Dourado
 Darcio Sayad Maia
 Lucila Mara Sbrana Sciotti
 Jeane Passos Santana

Gerente/Publisher: Jeane Passos Santana
Coordenação Editorial: Márcia Cavalheiro Rodrigues de Almeida
 Thaís Carvalho Lisboa
Comercial: Marcelo Nogueira da Silva
Administrativo: Luís Américo Tousi Botelho

Edição de Texto: Luiz Guasco
Tradução: Luciana Salgado
Preparação de Texto: Maíra Meyer Bregalda
Revisão Técnica: Mila Fernandes
Revisão de Texto: Irene Incao, Johannes C. Bergmann, Luiza Elena Luchini (coord.), Rinaldo Milesi, Silvana Gouveia (índice)
Projeto Gráfico: Graham Davis
Editoração Eletrônica: Casa da Leitura

Traduzido de: *Illustration Pocket Essentials*
Texto © Steve Caplin e Adam Banks, 2002.
Desenho e layout © The Ilex Press Ltd., 2010
210 High Street, Lewes
East Sussex BN7 2NS
www.ilex-press.com

Proibida a reprodução sem autorização expressa.
Todos os direitos reservados à
Editora Senac São Paulo
Rua Rui Barbosa, 377 – 1º andar – Bela Vista – CEP 01326-010
Caixa Postal 1120 – CEP 01032-970 – São Paulo – SP
Tel. (11) 2187-4450 – Fax (11) 2187-4486
E-mail: editora@sp.senac.br
Home page: http://www.editorasenacsp.com.br

© Edição brasileira: Editora Senac São Paulo, 2012

Dados Internacionais de Catalogação na Publicação (CIP)
(Câmara Brasileira do Livro, SP, Brasil)

Caplin, Steve
 O essencial da ilustração / Steve Caplin e Adam Banks ; [tradução Luciana Salgado]. – São Paulo: Editora Senac São Paulo, 2012.

 Título original: *Illustration pocket essentials*.
 Bibliografia.
 ISBN 978-85-396-0154-7

 1. Arte por computador 2. Computação gráfica 3. Desenho – Técnicas 4. Desenho digital 5. Web designer como profissão 6. Web sites – Criação I. Banks, Adam. II. Título.

11-11082   CDD-709

Índice para catálogo sistemático:
1. Ilustração digital : Design gráfico   709

Introdução

INTRODUÇÃO   6

O básico

Do que você vai precisar   10
MONITORES   14
ENTRADAS E SAÍDAS   16

Métodos de ilustração   18
PINTURA   22
DESENHO   24
MODELAGEM EM 3D   26
ANIMAÇÃO   28

Pintura digital

Como funciona a pintura digital   32
MANIPULAÇÃO FOTOGRÁFICA   34
FOTOMONTAGEM   38
MÍDIAS NATURAIS   42
PIXEL ART   46

Técnicas de pintura   48
CAMADAS   50
MÁSCARAS DE CAMADAS   52
FOTOMONTAGEM   54
CHANFRO E ENTALHE   56
COLORIZAÇÃO DO TRABALHO ARTÍSTICO   60
FAÇA VOCÊ MESMO – POP ART   62
ILUSTRAÇÃO EM MULTICAMADAS   66

■ Desenho digital

Princípios do desenho   72
CURVAS DE BÉZIER   74
TRAÇO E PREENCHIMENTO   78
EMPILHAMENTO E CAMADAS   84
DESENHO EXPLODIDO   86

Técnicas de desenho   90
PINCÉIS   92
LINHA, COR E TONALIDADE   96
CARTUNS   100
MAPAS E PLANTAS   104
DESENHO ISOMÉTRICO   110
DESENHO TÉCNICO   114
DIAGRAMAS ILUSTRATIVOS   118
DIAGRAMAS ESTATÍSTICOS   122
TRACEJADO   126
MALHAS E DISTORÇÃO   128

■ Ilustração 3D

Aplicativos em 3D   132
BRYCE   134
POSER   138

Modelagem e renderização em 3D   140
MODELAGEM EM 3D   142
ILUMINAÇÃO   144
TEXTURIZAÇÃO   148
RENDERIZAÇÃO   152
3D EM 2D   154

■ Animação

Animação digital   158
FLASH   160
AFTER EFFECTS   162
TOON BOOM STUDIO   164
GIFS ANIMADOS   166
ANIMAÇÃO EM 3D   168

■ Artista profissional

O trabalho de ilustrador   174
ATENDER A CLIENTES   176
GANHAR DINHEIRO   178
DIREITOS AUTORAIS E FONTE DA IMAGEM   180

■ Referências

Referências técnicas   184
MODOS DE COR   188
GERENCIAMENTO DE CORES   192
FORMATOS DE ARQUIVO   196
FILTROS ESSENCIAIS DO PHOTOSHOP   200

GLOSSÁRIO   210
ÍNDICE   218
CRÉDITOS   224

introdução

Este livro é sobre uma revolução e como fazer parte dela. Antes, a arte gerada por computador não ia além de uma porção de imagens artificiais e estereotipadas, desprovidas de qualquer interesse, com tudo muito parecido; mas era o único visual que os programas disponíveis conseguiam produzir. No início, essa forma inédita de criar imagens era intrigante, mas não demorou muito até se tornar clichê. Ao ver minha vigésima grade quadricular sumindo ao longe no horizonte (estilo Dalí), refletindo nuvens realistas que flutuavam acima, tive certeza de que essa mídia estava presa em algum tipo de fosso da arte sem muito espaço para a imaginação.

Mas o fascínio com os efeitos fáceis se foi conforme a tecnologia era aprimorada. Essa tecnologia passou a ouvir artistas e designers; eles foram convidados a participar da criação de softwares ao lado de engenheiros e programadores que já tinham feito um balanço das possibilidades de uso desse tipo de aplicativo. Com o tempo, os artistas atingiram a segunda era da produção de imagem digital: conseguimos que os computadores fizessem o que queríamos e não o que os programadores sugeriam fazer.

Agora progredimos para outro estágio de ilustração digital: uma era que não se imaginava ser possível naqueles primeiros anos da alvorada dos clichês. Trata-se de uma revolução. Ao longo da história, os avanços na tecnologia tornaram fáceis tarefas complicadas e, em alguns casos, propiciaram novos campos para a arte. Antes do fim do século XIX, os artistas faziam esboços ao ar livre, mas precisavam retornar ao estúdio para pintar. A razão era muito simples: a quantidade de tinta necessária para um dia de trabalho secaria em campo aberto.

Tudo isso mudou com a simples invenção de pequenos tubos de metal para guardar as tintas: um avanço aparentemente insignificante, mas que possibilitou que os primeiros impressionistas saíssem ao ar livre para pintar telas inteiras. A mudança de ferramentas foi simples, mas os resultados mudaram os rumos da arte moderna.

Atualmente, os computadores, muitas vezes ridicularizados como nada além de uma ferramenta inteligente – em especial no contexto de arte e design –, têm propiciado o surgimento de ideias realistas a artistas e designers e também de novos caminhos para concretizá-las. É um tipo de mudança na forma de pintar bem diferente daquela que ocorreu nos anos 1870.

Muitos se agarram ao conceito de que o conteúdo de uma ilustração, diagrama, pintura ou animação é a parte mais importante, e que o modo como esse conteúdo é passado para o papel, elétrons ou filme é secundário. Habilidade, estilo, equilíbrio e estética são bons, mas tudo isso empalidece comparado à ideia por trás do trabalho. Penso que estamos nos dando conta de que a "simples ferramenta" está fazendo mais do que contribuir, como pensávamos, e que temos de repensar e redistribuir a importância de cada coisa.

Por que queremos criar imagens idênticas a fotografias? O caráter documental da fotografia, o conceito de que a câmera nunca mente, foi desmascarado muito antes da possibilidade de manipulação digital. As técnicas de manipulação eram toscas, mas existiam. Desde as pinturas rupestres, a construção de imagens seguiu os avanços tecnológicos e continuará a fazê-lo. Ilustração digital é um meio de pintar, mas dessa vez a tecnologia faz mais do que apenas possibilitar ao artista criar imagens lindas, surpreendentes, engraçadas, informativas. Agora, a própria capacidade do computador – a velocidade da máquina aliada à sofisticação do software – está fazendo algo mais que contribuir como "mera ferramenta".

Este livro o levará a uma jornada de aprendizagem nesse novo mundo revolucionário. Aqui estão claramente delineados, passo a passo, todos os aspectos da ilustração digital e como ela é feita. Pintura digital, desenho, ilustração 3D e animação serão estudados e demonstrados com exemplos surpreendentes.

Muitas dessas imagens eram irrealizáveis e seriam inimagináveis antes da nova revolução.

O BÁSICO

MÉTODOS DE ILUSTRAÇÃO
DO QUE VOCÊ VAI PRECISAR

O BÁSICO

DO QUE VOCÊ VAI PRECISAR

EQUIPAMENTO ESSENCIAL A compra de um computador ou a escolha dos melhores softwares e periféricos para um já existente pode ser tarefa árdua. Mas não precisa ser assim.

Caso você opte por um PC ou por um Apple Macintosh, não é preciso compreender todo o jargão; basta o entendimento básico de hardware e das demandas da imagem digital. O mesmo vale para a compra de escâner, impressora ou câmera digital. Comprar um software também é simples. Se você já sabe o que quer, as informações neste capítulo o levarão direto ao aplicativo certo para o trabalho. Se não, você deve buscar algumas ideias. Acima de tudo, não é preciso gastar enormes quantias com ilustração digital – mas se você dispõe de dinheiro para esbanjar, há muitas oportunidades para isso!

Comprar um computador é o primeiro passo para a ilustração digital. Os modelos atuais estão em duas categorias: PC ou Apple Macintosh. Eles têm características similares, mas as diferenças técnicas inerentes limitam a escolha de softwares e componentes.

Os Macs são a escolha padrão dos usuários gráficos profissionais e foram criados com esse propósito; você os encontrará na maioria dos estúdios de design, agências de publicidade e editoras. Entretanto, são menos populares como máquinas de uso geral, por serem ligeiramente mais caros que os PCs e oferecerem menos opções de softwares para escritório e lazer. Por outro lado, PCs são em sua maioria de uso e manutenção mais difíceis, em parte por serem regidos por normas complexas e produzidos por diferentes fabricantes. Os Macs são feitos por uma só companhia, a Apple; portanto, suas especificações são geridas de forma simplificada.

As partes essenciais de um computador compreendem processador, memória, disco rígido e sistema operacional. O processador é o cérebro da máquina: durante o trabalho, é comum ter de esperar algum tempo enquanto o computador entende o que você está pedindo que ele faça ou "processe"; um processador rápido implica uma espera menor.

Propagandas de computadores frequentemente citam a velocidade do processador, mensurada em gigahertz (GHz), para

Página ao lado: Mouse para um computador Apple Macintosh. Os Macs desempenharam um papel essencial na evolução de computadores gráficos profissionais, tanto em mídia impressa como em multimídia e on-line.

Do que você vai precisar

medir o desempenho, mas esse não é um indicativo global. Os Macs mais antigos tinham processadores Motorola G4 e G5. Agora que todos os Macs usam o processador Intel, é viável fazer comparações técnicas diretas de velocidade, ainda que esse seja apenas um aspecto.

A velocidade total também é afetada por outros componentes do sistema do computador. A placa gráfica, que ajuda a gerenciar a tela, é um ótimo exemplo, em especial quanto se trata de trabalho intenso em 3D. Confira as resenhas em revistas de informática para obter informações mais precisas sobre o desempenho dos diferentes modelos.

Enquanto você utiliza um software específico, ou "aplicativo", como o Adobe Photoshop, tanto o aplicativo como as informações com que ele está trabalhando – por exemplo, sua ilustração – estão armazenados na memória do computador. Ela consiste em um banco de chips de silício, conhecido como "memória de acesso aleatório" (RAM), pois o processador pode obter informações rapidamente dentro ou fora, de qualquer parte e o tempo todo. Entretanto, quando o computador é desligado, tudo o que está em RAM é perdido. Essa é a razão de os aplicativos e as informações serem armazenados permanentemente em um dispositivo mecânico lacrado, chamado disco rígido. É por isso que você tem de salvar o trabalho em intervalos regulares, copiando para o disco rígido o que está na RAM.

A memória e a capacidade do disco rígido são medidas em bytes. Um megabyte (1 MB) equivale a pouco mais de 1 milhão de bytes, e um gigabyte (1 GB) é mil vezes esse valor. Para trabalhos simples, você vai precisar de pelo menos 1 GB de RAM; cerca de 4 GB dão conta de um trabalho sério em Photoshop e 3D. O disco rígido pode começar com cerca de 100 GB, mas para uma tarefa desse tipo em 3D e animação é provável que você utilize centenas de gigabytes.

Lembre-se sempre de que o disco rígido pode falhar. Isso não ocorre com muita frequência, mas é prudente copiar dados importantes em outra mídia, como CDs ou disco rígido externo. Os trabalhos pouco utilizados também podem ser "arquivados" nessas mídias, para liberar espaço no disco rígido.

O sistema operacional é um software "permanente", carregado a partir do disco rígido sempre que o computador é ligado, e é basicamente a plataforma em que todos os aplicativos são executados. Uma das principais funções do sistema operacional é gerenciar a memória, para que diversas tarefas sejam feitas ao mesmo tempo e compartilhem a memória RAM. Ele também é capaz de abrir espaço extra ao trocar dados temporariamente com o disco rígido, o que é conhecido como "memória virtual" (alguns aplicativos também trocam dados de forma independente entre a RAM e seu próprio espaço no disco rígido, chamado "disco de trabalho").

Os PCs em geral utilizam o sistema operacional Windows, desenvolvido pela Microsoft, cuja última versão é o Windows 7. Macs utilizam o Mac OS X, criado pela Apple. Você só pode executar os programas indicados para o sistema operacional que está utilizando.

Entretanto, em primeiro lugar é importante encontrar uma máquina adequada; os componentes serão adicionados mais tarde. A maioria dos com-

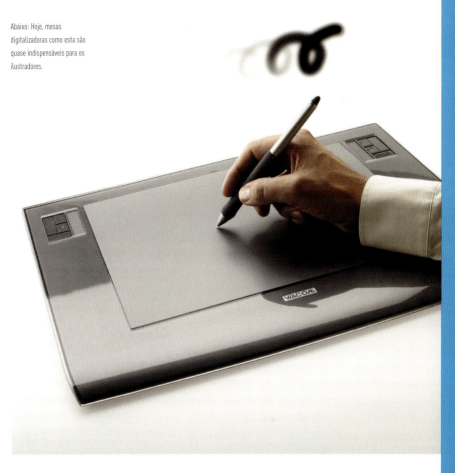

Abaixo: Hoje, mesas digitalizadoras como esta são quase indispensáveis para os ilustradores.

putadores foi projetada para ser "aberta" pelo usuário, e pequenos upgrades (atualizações) não devem invalidar a garantia. Em PCs, processadores e placas gráficas podem ser trocados, mas em qualquer computador o upgrade de memória é o mais eficaz. Chips de memória RAM, conhecidos como DIMM (Dual Inline Memory Module ou Módulo de Memória em Linha Dupla), são fáceis de acoplar nos locais reservados (slots) dentro dos computadores. Se não houver nenhum slot disponível, então você deve remover a DIMM existente e substituir por outra com maior capacidade.

A TELA é sem dúvida um dos periféricos mais importantes para o ilustrador digital. Tamanho da tela, resolução e nitidez podem ter efeito significativo não apenas sobre seu trabalho artístico, mas sobre sua vida profissional. Portanto, é importante escolher a mais apropriada. Na mídia tradicional, seu trabalho artístico está sempre à sua frente. Você pode observá-lo com cuidado, girando-o ou se aproximando dele para ver detalhes. No computador é um pouco diferente.

Monitores

Quando sua ilustração aparece na tela em tamanho real, o nível de detalhes visíveis é bem grosseiro. Para um trabalho mais detalhado, você vai precisar de "zoom in" para ampliar bastante uma área pequena. Essa é uma das razões pelas quais, tratando-se de monitores, quanto maior, melhor. Por exemplo, quando você amplia 200%, quadruplica o espaço necessário para manter a ilustração inteira na tela do monitor. As áreas fora da tela são vistas ao se clicar na barra de rolamento, que basicamente "desliza" a arte no monitor. Quanto maior a tela, menos tempo você perde ampliando e reduzindo um trabalho e deslizando por ele. A segunda demanda em relação ao espaço na tela parte do software. Para acessar os comandos e controles em seus aplicativos de desenho e pintura, você dispõe de várias paletas e barras de ferramentas. Elas podem ser abertas e fechadas a seu comando, mas é mais conveniente mantê-las sempre abertas. Entretanto, com um monitor pequeno, elas podem ocupar mais espaço que a arte. O problema torna-se ainda maior com 3D e os pacotes de animação.

Vão longe os dias em que você tinha de contrabalançar as diferenças entre monitores CRT (uma grande variedade de tubos de raios catódicos) e LCD (tela de cristal líquido, encontrado nas telas planas atuais). Nos novos sistemas, você só dispõe de LCD. Ao decidir qual monitor você prefere (e pelo qual consegue pagar), o principal a considerar é o tamanho: 18 polegadas é o mínimo necessário para trabalhos de ilustração, 20 polegadas ou um pouco acima é o mais utilizado em monitores de mesa, e telas de 27 a 30 polegadas são bastante indicadas, mas as de maior preço.

Tratando-se de especificações técnicas, há diferentes tipos de tecnologia em LCD a considerar. As telas TN em geral são as mais baratas, mas tendem a ter um ângulo de visão estreito; olhar de fora para um dos lados altera as cores. Telas IPS (como as usadas em todos os iMacs hoje) são as melhores, e telas VA são o meio-termo em preço e qualidade. Lembre-se de que você vai olhar para esse dispositivo por um bom tempo, e dependendo plenamente dele para obter uma cor precisa e uma boa visualização do seu trabalho; portanto, não comprometa sua qualidade se puder evitar.

Alguns computadores vêm com monitores integrados, e nesse caso é preciso considerar os prós e os contras do pacote completo. O exemplo mais conhecido é o do Apple iMac, lançado originalmente com um CRT embutido e depois aperfeiçoado com um LCD. Hoje os modelos vêm com telas de LCD de 21,5 e 27 polegadas, de qualidade excepcionalmente alta, e são excelentes opções.

Entretanto, o quanto você visualiza ao mesmo tempo não depende apenas do tamanho físico da tela, mas de sua resolução. Esta é medida em pixels, pontos coloridos gerados pelo computador para construir a imagem na tela. A resolução máxima é definida pelo monitor, mas a maioria dos usuários a considera alta demais. Isso porque paletas, ícones e caixas de texto são em geral exibidos em tamanho fixo, formado por pixels.

Conforme você aumenta a resolução e comprime mais pixels na mesma área, cada pixel diminui e os itens se tornam menos legíveis. Entretanto, isso beneficia seu trabalho, porque você pode ampliá-lo para restaurar o tamanho real em busca de detalhes. Por tentativa e erro você encontra a resolução que compensa esses fatores de acordo com sua preferência. O LCD tem uma resolução fixa e simula tamanhos menores por interpolação, gerando uma imagem visivelmente menos nítida. Evite monitores LCD que comprimem resoluções muito altas em telas pequenas (por exemplo: 1920 x 1080 em uma tela de 17 polegadas). Você pode achar difícil ler textos, e aumentar a escala para amenizar isso também vai diluir a imagem.

Por fim, há a questão da proporção, ou relação da aparência. Os monitores costumavam ser feitos na tradicional proporção de 4:3, como as TVs antigas, mas agora muitos são widescreen (tela ampla), na proporção de 16:9 ou um pouco maior, 16:10. Isso abre espaço para ferramentas e paletas do software ao lado do seu trabalho, em vez de acima. Por razões similares, uma série de usuários prefere trabalhar com dois monitores ao mesmo tempo, com paletas e barras de ferramentas em um e a imagem no outro. A desvantagem disso é o preço. A menos que sua placa gráfica suporte monitores gêmeos, você pode precisar de uma segunda placa gráfica, além do monitor extra.

Abaixo: Computadores iMac da Apple vêm com monitores integrados.

ESTAR APTO a inserir e retirar coisas de seu computador é um requisito essencial para o ilustrador digital. Aqui, daremos algumas informações que talvez você queira considerar.

Entradas e saídas

Boa parte do trabalho do ilustrador digital pode ser feita inteiramente no computador, mas há ocasiões em que é preciso importar trabalhos artísticos de outras fontes. Você vai precisar de algum tipo de escâner se quiser inserir uma arte como base em seu computador e uma câmera digital para capturar pessoas, planos de fundo e objetos. Em algum momento também terá de imprimir seu trabalho – a maioria das ilustrações para publicação é enviada por e-mail aos clientes, mas há ocasiões em que é imprescindível uma prova impressa. Ainda que você nunca imprima uma imagem sequer, precisará da impressora para imprimir sua fatura.

ESCÂNERES

O preço dos escâneres baixou tremendamente nos últimos anos, e agora você consegue um modelo inicial por menos de R$ 100,00. Por outro lado, é possível gastar centenas de vezes mais que isso em um modelo para pré-impressão de alta qualidade. Então, qual a diferença?

Essencialmente, quanto mais caro o escâner, melhor a qualidade da imagem. Entretanto, não é preciso gastar muito. Escâneres de alta qualidade são requisitados por editores profissionais e por gráficas rápidas com o objetivo de atingir a qualidade perfeita para a impressão, mas a demanda do ilustrador é bem menos exigente. Em geral, você vai precisar de um escâner apenas para digitalizar um esboço e usar como modelo em seu aplicativo de desenho ou de pintura preferido. Mesmo o escâner de mesa mais barato é suficiente para essa tarefa.

Se precisar digitalizar transparências, de cromos de 35 mm até negativos de imagens em formatos maiores, há duas opções principais. O melhor custo-benefício é encontrar um escâner de mesa com adaptador para transparência. Na maioria dos casos isso vem incorporado à tampa do escâner, provida de uma fonte de luz que ilumina a transparência no topo do próprio aparelho. Os modelos de mesa mais recentes, que podem ser obtidos por R$ 400,00, dispõem de resolução suficiente para ampliar um cromo de 35 mm para o tamanho de página inteira ou mais (ainda que com qualidade limitada).

Se precisa digitalizar transparências apenas para posicionamento ou uso como modelo, ou se seu trabalho prevê muitas alterações na imagem digitalizada, essa opção é aceitável. No entanto, se precisar de um escâner para digitalizar arte-final, talvez não considere essa solução à altura. Nesse caso, você terá de investir em um escâner específico para slides, que custa R$ 1.200,00 ou mais. Uma alternativa é um adaptador de transparência para câmera digital. A Nikon, por exemplo, fabrica um adaptador que custa menos de R$ 170,00, parafusado nas lentes de suas câmeras, e que gera imagens tão boas quanto as capturadas pela câmera. Você também pode adquirir escâneres de filmes por cerca de R$ 250,00. Embora eles sejam projetados para filmes 35 mm e APS, a qualidade varia e, por isso, talvez você se dê melhor com um escâner de mesa decente. Lembre-se, no entanto, de que agora as câmeras digitais são a regra; considere quantas transparências você precisa digitalizar de fato.

CÂMERAS

Uma câmera digital é essencial para o ilustrador. A capacidade de capturar pessoas e objetos instantaneamente, sem custos adicionais, torna-a um acessório essencial. O preço das câmeras varia entre menos de R$ 100,00 a vários milhares de reais. Além da qualidade da lente, a principal diferença está no tamanho da imagem capturada, que é medido em megapixels (milhões de pixels). Boas câmeras intermediárias custam entre R$ 250,00 para as versões de 10 megapixels e cerca de R$ 1.000,00 para os modelos de 15 megapixels.

IMPRESSORAS

Existem dois tipos principais de impressora: de jato de tinta e a laser. As de jato de tinta produzem imagens de melhor qualidade e, surpreendentemente, são a opção mais barata. Uma impressora de R$ 400,00, quando utilizada com um papel fotográfico de alta qualidade, cria imagens virtualmente indistinguíveis de impressões fotográficas. Entretanto, elas são muito lentas – uma impressão em tamanho Carta pode levar vários minutos. Sua manutenção é cara: um único conjunto de cartuchos para reposição, suficiente para poucas centenas de páginas, custa mais que R$ 100,00.

Por questão de velocidade, os designers profissionais e os editores preferem as impressoras a laser, ainda que a qualidade de reprodução não seja tão fotográfica quanto as de jato de tinta. Uma impressora a laser colorida de qualidade razoável custa pelo menos algumas centenas de reais, mas os custos de impressão são de apenas alguns centavos por página. Outra razão para escolher uma impressora a laser é que elas tendem a ser dispositivos PostScript. PostScript é a linguagem gráfica utilizada por programas de desenho. Se você atua nessa área, talvez descubra que precisa de um software RIP (Raster Image Processor) para converter as informações do PostScript de forma que a impressora de jato de tinta compreenda, ou exportar PDFs e impressões.

Abaixo: Escâneres de mesa como este são fundamentais se quiser capturar, em seu computador, imagens artísticas do mundo real.

O BÁSICO

MÉTODOS DE ILUSTRAÇÃO

1

ILUSTRADORES que trabalham com mídia tradicional estão acostumados a uma gama de materiais que utilizam, e o que selecionam para determinado projeto depende de suas habilidades, do meio de transmissão, de suas preferências e das particularidades do projeto em questão.

O mesmo ocorre no mundo da ilustração digital. Na verdade, a gama de ferramentas e opções disponíveis confunde. Entretanto, depois de ultrapassar a barreira da terminologia, você vai descobrir que os diferentes métodos e aplicativos se ramificam em diversos grupos, não o deixando nunca restrito a um apenas.

Ao compreender os conceitos básicos e então mesclar e combinar as técnicas, você poderá explorar todo o potencial de sua arte.

Página ao lado: As aplicações de bitmap (pintura) incluem elementos fotográficos como esta luminária, que foi recortada do plano de fundo.

BITMAP VERSUS VETOR VERSUS 3D

A ilustração digital recai em três categorias principais: bitmap (também conhecido como pintura), vetor (também conhecido como desenho) e modelagem em 3D. Ainda que frequentemente os efeitos pareçam similares, são três disciplinas diferentes, e o artista digital profissional tem de estar apto a trabalhar com os três estilos.

ILUSTRAÇÃO EM BITMAP (PINTURA)

Bitmap é uma imagem fragmentada em um padrão regular de quadrados diminutos, conhecidos como pixels. Cada pixel pode ter uma das 16 milhões de cores diferentes, e para a ilustração os pixels em geral são tão pequenos que você visualiza a imagem final em uma tonalidade contínua, não como uma grade quadriculada. Com aplicativos de pintura, você marca a tela do monitor como se estivesse pintando em papel ou tela.

Aplicativos modernos de pintura oferecem múltiplas camadas que podem ser utilizadas por elementos diferentes em sua ilustração, como pintar em diversas lâminas de vidro sobrepostas umas às outras; cada camada pode ser movida, redimensionada, colorida e distorcida independentemente das demais.

Os aplicativos mais usados são Adobe Photoshop, Corel Painter e Corel PaintShop Photo Pro.

Métodos de ilustração

ILUSTRAÇÃO VETORIAL (DESENHO)
Programas vetoriais utilizam uma linguagem gráfica matemática para definir formas individuais. Além de desenhar retângulos básicos, elipses e polígonos, os aplicativos de vetor podem criar curvas suaves, conhecidas como curvas de Bézier, que permitem ao artista desenhar qualquer forma imaginável.

Em aplicativos de desenho, cada elemento da ilustração é um objeto distinto. Isso difere do modelo de camadas dos aplicativos de pintura, em que a imagem de um telefone, por exemplo, e a da mesa sobre a qual ele se encontra podem estar em camadas diferentes.

Em aplicativos de desenho, cada parte que constitui o telefone – o contorno, o fone, o formato dos botões, os números nos botões e todo o resto – é um elemento distinto. De certa forma, é como trabalhar separadamente com um grande número de folhas de papel, podendo redesenhar e pintar cada uma delas à vontade.

Os aplicativos vetoriais mais utilizados são Adobe Illustrator e CorelDRAW.

MODELAGEM EM 3D
Enquanto a ilustração vetorial e a em bitmap envolvem o trabalho de arte em desenho e pintura de uma forma simples até mesmo para os artistas mais tradicionais, a modelagem 3D é uma técnica bem diferente. Na maioria dos aplicativos 3D, os objetos são criados a partir de extrusão ou rotação dos contornos dos desenhos – basicamente, é como girar uma curva ao redor de um eixo para criar um objeto sólido.

Além do mais, os programas de modelagem em 3D mais sofisticados oferecem uma seleção enorme

Esquerda: Depois de digitalizar a imagem, é possível aplicar uma gama enorme de efeitos, com esse filtro pontilhista.

Direita: O objeto recortado pode ser posicionado sobre outro fundo – aqui, foram incluídos sombreamento e um ponto de luz para o bulbo.

Esquerda: Aplicativos vetoriais (desenho) consideram cada elemento como um objeto distinto. Este desenho foi feito a partir da luminária original.

Direita: Alguns aplicativos vetoriais permitem ao usuário aplicar pinceladas de aspecto natural nos contornos, além de acrescentar detalhes e sombreamento.

Acima e à direita: A luminária foi gerada em um aplicativo 3D desenhando-se seu esboço em 2D e girando-o ao redor de um eixo central. O processo de tornear resulta em um modelo em linhas (wireframe), que descreve a luminária como um objeto tridimensional. Adicionam-se sombreamento, textura e cores a cada elemento. Aqui, a distância focal da câmera virtual foi alterada para adicionar perspectiva.

de técnicas de distorção e modelagem, que possibilitam ao usuário treinado criar uma variedade de formas.

Diferentemente do que ocorre com os aplicativos de pintura e desenho, modelos em 3D criam objetos "sólidos" que podem ser manipulados em um ambiente virtual. Variadas texturas podem ser aplicadas à superfície (você pode fazer isso para sugerir uma luz brilhando sobre ele), e ela própria pode ser girada e vista sob qualquer ângulo. É um processo por vezes trabalhoso, mas, depois de modelado, o objeto serve a diversos propósitos.

Tem-se aplicativos 3D desde programas simples e especializados como o Corel Bryce e o Poser até modelos mais avançados, como LightWave, da NewTek, e o Autodesk Maya.

ANIMAÇÃO

Animações por computador podem se basear em qualquer uma das três disciplinas apresentadas, utilizando uma "linha do tempo" que permite aos elementos variarem de posição e tamanho ao longo do tempo. Programas de animação produzem filmes, que podem então ser enviados para exibição em TV, distribuídos em CDs ou DVDs ou mostrados na internet em baixa resolução. Alguns programas típicos de animação são Adobe Flash, Adobe After Effects e Toon Boom Studio.

A PINTURA DIGITAL é uma proposta bem diferente do método tradicional de usar pincel e tela, que leva em consideração resolução, pixels, máscara e estilo. Imagens bitmap, como vimos antes (p. 18), consistem em uma grade de pixels, cada um com um valor de cor.

Pintura

Quando se cria um novo documento em um aplicativo bitmap, como o Adobe Photoshop, ele está vazio; todos os pixels têm a mesma cor, em geral branca. Pode-se então usar as ferramentas de pincel para aplicar cor à tela em branco, alterando os valores dos pixels sob o cursor. É possível também aplicar ajustes e filtros a todos os pixels de uma só vez, mudando a cor da imagem toda.

Essas duas formas de manipular bitmaps – pintando diretamente sobre eles e fazendo ajustes globais utilizando números e barras – oferecem as funções básicas do que é necessário para alterar imagens. Mais dois elementos importantes são as máscaras e as camadas. Máscaras (tal qual em técnicas convencionais, como tinta acrílico e aerógrafo) possibilitam restringir as mudanças a determinadas partes da obra de arte, mantendo intactas as outras. Por outro lado, as camadas permitem que se criem e manipulem diferentes elementos da ilustração de forma independente, dispondo-os acima e abaixo uns dos outros na tela visível. Na Parte 3, exploraremos melhor esses recursos.

O número de pixels que compõem uma imagem determina sua resolução. Para fazer com que os olhos acreditem que estão vendo um quadro completo, e não uma grade com quadrados coloridos, é preciso haver pixels suficientes comprimidos em determinada área. Na tela do computador, em que o brilho do monitor ajuda a condensar os pixels, cerca de 72 pixels por polegada – isto é, uma grade de 72 x 72 pixels em cada polegada quadrada da imagem – são suficientes. Se a ilustração for produzida para

Ao definir ou verificar a resolução do material de origem, lembre-se de habilitar para recorte (cropping). Como vemos ao lado, esta foto tem a medida de 6 x 4 polegadas em 300 ppi, mas, quando recortada para destacar um único objeto, é reduzida a poucas polegadas. O Photoshop informa o tamanho em pixels da imagem, suas dimensões físicas e os ppi; alterar qualquer dessas características fará com que as outras se ajustem também. Uma alternativa é clicar em Restaurar Resolução da Imagem (Resample Image) para alterar o tamanho do pixel por interpolação.

um site, pode-se simplesmente fazê-la no tamanho requerido em pixels, que será a mesma em sua tela e na do usuário final.

Mas as coisas não são tão simples se o trabalho for destinado a impressão. Na página, é preciso mais de 200 pixels (ou pontos) por polegada, sendo 300 o valor típico. Ao iniciar uma ilustração, é fundamental levar isso em conta ao definir a resolução do documento. Se for muito baixa, o trabalho será arruinado por uma aparência quadriculada ao ser impresso. Muito alta é um problema menor – a resolução pode ser reduzida –, mas arquivos grandes vão diminuir a velocidade do programa, desperdiçar espaço em disco e levar mais tempo para serem transferidos por e-mail ou para uma mídia de armazenagem.

A resolução pode ser expressa tanto pela contagem de pixels, como "1.200 x 900", quanto por uma combinação das dimensões físicas com os pixels por polegadas (ppi), como "4 x 3 polegadas em 300 ppi". O software aceita a informação das duas formas e as converte, se necessário, o que pode facilitar o uso de material já existente. É possível também inserir valores maiores ou menores e solicitar ao programa que redimensione a imagem sem distorcê-la. Isso funciona para diminuir a escala, mas aumentá-la é outro assunto, pois o programa tem de interpolar pixels extras baseado no valor de cor dos pixels existentes, e o resultado é sempre um pouco borrado.

O aplicativo mais popular, usado tanto para manipular fotos quanto para pintar a partir de esboços, é o Photoshop. O Corel Photo-Paint é uma alternativa segura, enquanto no PC uma quantidade de bons programas de baixo custo, como o Corel Paint Shop Pro, oferece opções simples mais acessíveis. Uma área especializada da pintura é a simulação de meios naturais, incluindo aquarela, óleo e tintas. O Photoshop tem pincéis que se comportam mais como seus homônimos do mundo real do que como as ferramentas convencionais de bitmap, mas o conceito é levado muito mais longe no Corel Painter, que não apenas simula os efeitos iniciais dos traços de pincel e caneta, mas também o modo como as pinceladas e tintas trabalham juntas na superfície do papel.

A mesma imagem, reproduzida em 300 ppi, 72 ppi e 36 ppi (extrema esquerda, esquerda e abaixo à esquerda), mostra a pixelização cada vez mais visível. Quando a cópia em baixa resolução é redimensionada para a resolução mais alta usando interpolação (abaixo à direita), perde boa parte do aspecto reticulado, mas não recupera a nitidez e os detalhes da original.

MÉTODOS DE ILUSTRAÇÃO

DESENHAR COM UM APLICATIVO pode ser uma técnica difícil de dominar, por se distanciar muito do processo tradicional e incluir a manipulação de contornos e curvas. Entretanto, o domínio da técnica é fundamental para o ilustrador digital. Aplicativos de desenho diferem dos de pintura, pois neles se trabalha com objetos em vez de pixels.

Desenho

1

Um objeto pode ser simplesmente um círculo ou um retângulo, ou uma forma complexa desenhada com a ferramenta Caneta, que traça as chamadas curvas de Bézier – formas concebidas pelo designer automotivo francês Pierre Bézier nos anos 1960. Cada elemento de uma curva é definido por quatro pontos: os pontos inicial e final e dois pontos adicionais que descrevem a forma e a direção da curva entre seu início e seu fim. Mais informações sobre o uso das curvas de Bézier nas pp. 74 a 77.

Cada objeto criado em um aplicativo de desenho tem dois componentes: traçado e preenchimento. O traçado é a linha de contorno de cada "demarcador" (path), como as curvas são conhecidas, e pode ser configurado em qualquer cor e espessura, e apresentar características específicas como pontilhado ou mesmo setas. Alguns aplicativos, como o Illustrator, permitem ao usuário envolver os demarcadores traçados com simulações de ferramentas reais ou outros efeitos de pinceladas – ver a p. 92 para mais detalhes.

O preenchimento pode ser algo simples como definir uma cor sólida para o interior do objeto, ou algo mais complexo, como um degradê ou padrão. Um meio de criar efeitos de sombreamento é desenhar um demarcador em cor escura e outro, dentro deste, em uma tonalidade mais clara da mesma cor e, então, criar uma mescla entre os dois. Essa mistura vai assumir a forma de uma série de elementos interpolados entre os dois objetos iniciais, sendo cada um deles uma etapa de forma e cor. Ao aumentar o número de etapas, pode-se obter uma impressão convincente de uma mescla suave.

Cada objeto em um software de desenho é uma curva definida matematicamente – ainda que o ilustrador não precise conhecer nada sobre a matemática por trás disso. O resultado final é que cada objeto pode ser repintado e redefinido rápida e facilmente, sem perda de qualidade, porque cada objeto permanece como uma entidade distinta ao longo do processo de ilustração. Além disso, o trabalho artístico criado ao se utilizar um programa de desenho pode ser redimensionado o quanto se quiser, sem perda de qualidade – ao contrário do sistema de pixels adotado pelos programas de pintura –, a curva é simplesmente redefinida em tamanho maior.

O método da curva de Bézier é uma maneira inteligente e matematicamente eficiente de representar as formas e adaptá-las, mas pode ser difícil pegar o jeito. A perseverança vale a pena; são ferramentas fundamentais de desenho, e seu domínio é essencial para todo aspirante a artista digital. Alguns programas facilitam a tarefa. O Adobe Illustrator, por exemplo, disponibiliza a ferramenta Lápis que cria as curvas Bézier conforme se desenha com o mouse ou em uma mesa gráfica. Elas podem ser redefinidas simplesmente ao se desenhar sobre elas, sem ter de usar a ferramenta Caneta.

Existem diversos programas de desenho, como o CorelDRAW e o ACD Canvas, cada qual com suas vantagens. O Canvas, por exemplo, tem um recurso de dimensionamento muito útil, que o torna imprescindível para a ilustração técnica. Mas, na arena profissional, o único competidor sério é o Adobe Illustrator. Para o artista especializado em ilustração, ele proporciona um sólido ambiente de trabalho, associado a uma tecnologia de pincel personalizado que o torna imbatível.

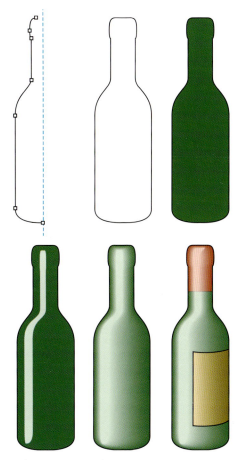

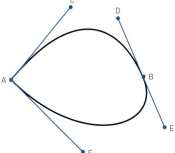

Acima: Neste demarcador simples, os pontos A e B são unidos por curvas. A forma da curva de A a B é definida pelas alças de Bézier C e D: movê-las altera o formato da curva. A curva inferior, de B a A, é definida pelas alças E e F. A curva no ponto B é suave, por isso a alça de D a E forma uma tangente a ela nesse ponto: onde as duas curvas se encontram no ponto A, as alças C e F formam um canto.

Esquerda: Estágios de um desenho artístico simples.
1. O contorno de metade da garrafa é desenhado com a ferramenta Caneta.
2. Esse contorno é girado ao longo do eixo vertical, e as duas metades se unem para formar um único objeto.
3. O Preenchimento do objeto é definido como verde-escuro.
4. Um objeto menor e mais brilhante é desenhado dentro do primeiro para destacá-lo.
5. Os dois elementos são mesclados em uma transição suave do escuro para o claro.
6. Outros elementos da ilustração são desenhados por cima, como objetos separados.

MÉTODOS DE ILUSTRAÇÃO

CRIAR MODELOS EM 3D pode ser uma tarefa trabalhosa e demorada, mas pode também produzir resultados deslumbrantes. Cenas e objetos de realismo surpreendente podem ser visualizados de todos os ângulos e manipulados conforme sua vontade. A modelagem 3D é uma forma única de gerar ilustrações: cada elemento é construído como um objeto separado, com perfil definido em cada um dos três planos dimensionais.

Modelagem em 3D

A maioria dos modeladores mostra a visualização do trabalho com modelos em linhas (wireframe) ou superfícies sólidas; no último caso, essas superfícies geralmente aparecem como se fossem feitas de plástico, para acelerar o processo do desenho. Após a modelagem dos objetos, é possível aplicar texturas sobre eles, dando-lhes a aparência de madeira, vidro, metal ou qualquer uma das milhares de diferentes superfícies. Os modeladores mais complexos habilitam o usuário a ajustar e adaptar as configurações de cada superfície de diversas formas. Por exemplo, os modelos podem ser envolvidos tanto por uma arte digitalizada mostrando materiais naturais (madeira, pedra e outros) quanto por um trabalho artístico plano (como ilustrações de embalagens).

A iluminação não apenas acrescenta realces e sombreamento, mas também lança sombras em outros objetos na cena. A maioria dos aplicativos em 3D permite ao usuário escolher entre uma variedade de tipos de fontes de luz, que podem ser personalizadas e movidas à vontade.

Apesar de a construção de modelos originais em geral ser uma tarefa demorada, o resultado final é uma cena que pode ser vista de todos os ângulos, composta por objetos que podem ser infinitamente manipulados e movidos em relação uns aos outros. Depois de construir um modelo, a cena finalizada é "renderizada" – isto é, o trabalho artístico final é gerado, com texturas, reflexos e efeitos de iluminação. Esse processo pode levar desde alguns minutos a várias horas, dependendo da complexidade do modelo. Por exemplo, superfícies complexas, como vidro e metal, aumentarão muito o tempo necessário para a renderização. Uma técnica conhecida como *ray tracing* (traçado de raio) calcula como os objetos na cena refletem e refratam uns aos outros, produzindo uma imagem final de grande realismo.

Os aplicativos de modelagem em 3D dividem-se amplamente em duas categorias: os simples e os sofisticados. Entre os simples estão aplicativos especializados como o Bryce (ver p. 134), que cria paisagens artificiais utilizando uma vasta variedade de elementos da terra, do céu e da água. O Bryce também permite ao usuário criar e posicionar sólidos primitivos (cubos, esferas e cilindros) dentro da cena. Esses podem ser combinados e texturizados para simular diversos objetos como naves espaciais, projetos arquitetônicos e muitos outros. Outro modelador simples é o Poser (ver p. 138), que utiliza modelos humanos e animais para criar figuras realistas que podem ser manipuladas para qualquer posição.

Os modeladores sofisticados, como o LightWave da NewTek e o Autodesk Maya (pp. 140-155), requerem muito mais habilidade por parte do usuário. Criar modelos precisos e convincentes a partir do zero é uma tarefa complicada, mas os resultados podem ser impressionantes. Esses são os aplicativos usados para gerar cenas e objetos em filmes de grande orçamento, e, com destreza, podem criar cenas muito próximas da realidade. Como em tudo, o limite entre o simples e o sofisticado não é absoluto.

No meio-termo encontram-se o Adobe Illustrator, que utiliza técnicas básicas de modelagem para construir objetos simples, e o DAZ Carara, que combina as técnicas dos modeladores sofisticados com uma interface mais acessível. Os exemplos nesta página foram criados com o Carrara.

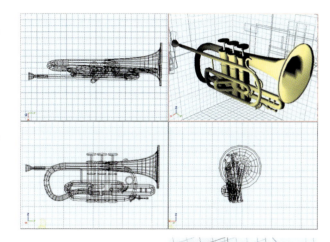

Direita: Programas profissionais de modelagem em 3D costumam utilizar uma janela dividida em quatro perspectivas, para mostrar a cena ou o objeto do topo, de frente e de lado. O quarto painel costuma exibir a visão da "câmera", que pode ser movimentada e girada à vontade para mostrar o objeto de diferentes ângulos.

Extrema direita: Cada elemento deste trompete foi modelado separadamente. Esta é a área da campana, exibida em modelo preenchido. As "sombras" na parede e no chão descrevem os perfis da seção torneada.

Direita: Este é o modelo renderizado, após adição de textura de superfície e de mapas de reflexos. Seria quase impossível obter uma imagem com essa complexidade por outros meios.

MÉTODOS DE ILUSTRAÇÃO 27

ANIMADORES sempre adotaram uma variedade de mídias, e no domínio digital também é assim. Todo trabalho artístico – bitmap, vetor ou 3D – pode ser transformado em uma animação quadro a quadro. Ilustradores são cada vez mais requisitados a inserir a dimensão temporal em seus trabalhos, seja para entregar um produto acabado, como banners publicitários na internet, seja para contribuir com um processo mais amplo, como desenvolver gráficos para jogos e filmes.

Animação

O formato de animação mais recomendado no momento é provavelmente o Flash. O nome se refere tanto ao aplicativo usado para criar animações quanto ao formato amplamente aceito para disponibilizá-las via internet; ambos pertencem à companhia de softwares gráficos Adobe. As animações em Flash se baseiam em vetores e utilizam uma linguagem gráfica simplificada para armazenar sequências em arquivos muito pequenos. Bitmaps e videoclipes podem ser incorporados, se necessário.

Visto que o formato também proporciona interatividade, é possível construir websites inteiros com Flash, com botões e menus que respondem ao usuário alterando o conteúdo exibido. O mais comum é o Flash ser utilizado para criar aberturas de sites e banners animados. O conteúdo aparece na tela dos usuários apenas se eles tiverem um plug-in para Flash em seu navegador, mas, uma vez que seu download é gratuito, ele é amplamente instalado.

O Flash herdou algumas funcionalidades de um produto anterior, o Adobe Director, que revolucionou o design de multimídia na metade dos anos 1990. O advento dos CD-ROMs possibilitou distribuir gráficos em movimento e vídeos para rodar em PCs, e o Director forneceu as ferramentas para transformá-los em produtos interativos. Sua principal característica é uma linha do tempo (*timeline*) na qual os eventos são organizados, e isso persiste como a base do Flash e de outros programas de animação.

Hoje, o Director é mais usado para criar conteúdo multimídia avançado no formato Shockwave da Adobe, especialmente para cursos em CD.

Uma linha mais tradicional para animação de desenhos é a propiciada pelo Toon Boom Studio da Toon Boom, que oferece ferramentas para desenhar objetos, posicioná-los em uma cena em pseudo-3D e então animá-los, movendo tanto os objetos como a câmera imaginária pela qual a cena é visualizada. O produto final pode ser um arquivo de Flash. O Toon Boom Harmony, da mesma empresa, serve para projetos mais avançados.

Animações em bitmap oferecem maior controle criativo, pois não há limites para o que pode ser mostrado. Imagens são importadas para um aplicativo como o Adobe After Effects, no qual podem ser organizadas em uma linha do tempo e receber ajustes, efeitos e transições. Outras funções podem ser instaladas via pacotes de plug-in, que oferecem recursos como pintura avançada de quadros (*frames*) e ferramentas de controle de movimento (*motion-tracking*). O trabalho finalizado é comprimido em formato de vídeo QuickTime ou Flash para uso na internet, ou exportado para vídeo digital com qualidade profissional.

Ferramentas básicas para animação em 3D podem aplicar movimento a trabalhos artísticos como logotipos de sites. Para trabalhos mais avançados, os principais aplicativos 3D (como o LightWave e o Autodesk Maya) oferecem a possibilidade de fazer animação junto com modelagem e renderização. Por isso, a construção e a movimentação de luzes e câmeras virtuais são tão importantes quanto as de objetos e cenários. Para produzir uma cena inteira, podem ser necessários plug-ins especializados para gerar determinados elementos e efeitos, e o produto final costuma ser aperfeiçoado em um software de pós-produção. Para se fazer uma animação em 3D, a paciência é uma virtude: é um processo longo e exigente. Um trabalho pesado em bitmap e 3D exige muito dos computadores. São necessários muita memória e espaço no disco rígido, e apenas processadores e placas de vídeo velozes permitirão que se trabalhe com efeitos de movimento em tempo real. No entanto, um investimento de menos de R$ 10.000,00 pode equipar um estúdio profissional de animação, e quase todos os computadores pessoais servem para o Flash.

Direita: "Onion skinning" é uma técnica importada da tradicional animação quadro a quadro para a digital. O software mostra fantasmas dos quadros antes e/ou após aquele que se está editando; assim, é possível fazer ajustes graduais para criar uma sequência animada fluida.
FOTO: TOON BOOM STUDIO

Acima: Animadores costumam combinar ferramentas e mídias para criar o efeito geral desejado. O videoclipe da música *Let Love Be Your Energy*, de Robbie Williams, foi criado principalmente com o LightWave, mas renderizado para simular uma animação pintada em 2D. A aparência e a edição finais de um trecho animado se devem tanto ao software de pós-produção de vídeo quanto ao pacote utilizado para gerar o conteúdo animado original.
FOTO: PASSION PICTURES/EMI

MÉTODOS DE ILUSTRAÇÃO

PINTURA DIGITAL

TÉCNICAS DE PINTURA
COMO FUNCIONA A PINTURA DIGITAL

PINTURA DIGITAL

COMO FUNCIONA A PINTURA DIGITAL

O APLICATIVO MAIS IMPORTANTE para ilustração bitmap (pintura) é o Adobe Photoshop. Ainda que, como o nome indica, o programa tenha sido projetado para retoque e montagem de imagens fotográficas, o Photoshop pode ser usado para gerar um trabalho de ilustração a partir do zero.

Ferramentas de pintura do Adobe Photoshop provocam uma sensação natural, em especial quando usadas com uma mesa digitalizadora sensível ao toque, e podem ser empregadas para tudo, de esboços à mão livre a ilustrações finalizadas.

Há outros programas de edição de fotos, como o Corel Photo-Paint e o Corel Paintshop Pro, mas o Photoshop é o preferido dos profissionais, pois oferece uma combinação excelente de poder, confiabilidade e facilidade de uso. Este capítulo vai tratar principalmente do Photoshop, detalhando seus principais pontos fortes e recursos.

Muitos ilustradores usam o Photoshop para retocar e finalizar trabalhos iniciados em aplicativos vetoriais, acrescentando textura e sombreamento complexos demais para serem criados com naturalidade em um ambiente vetorial. Artistas que trabalham com aplicativos de modelagem em 3D frequentemente levam para o Photoshop seus trabalhos renderizados, a fim de corrigir falhas na modelagem, acrescentar cenários e realizar a composição geral. Apesar de ser possível, ao menos em teoria, corrigir esses fatores no próprio ambiente de modelagem em 3D, o Photoshop reduz o tempo de conversão, por vezes longo, ao permitir acesso direto à imagem.

Versões mais recentes do Photoshop trazem uma nova gama de pincéis naturais, capazes de produzir trabalhos que aparentam ter sido pintados com materiais tradicionais. Os artistas que quiserem se especializar nessa área talvez prefiram trabalhar com o Corel Painter (ver p. 42), voltado para simular uma ampla gama de materiais de pintura e desenho.

Ao lado: Esta ilustração representando a América acima do peso foi criada no Photoshop, usando a fotografia da Estátua da Liberdade como ponto de partida. Ainda que poucos leitores se iludam pensando tratar-se de uma fotografia real, ela tem um grau de realismo impossível de se obter utilizando apenas uma ilustração.

MUITOS RECURSOS DOS APLICATIVOS de bitmap, como o Photoshop, são concebidos para retocar fotografias. Eles imitam os processos que tradicionalmente seriam feitos em um quarto escuro ou durante a reprodução, bem como aqueles possíveis apenas com manipulação digital.

Manipulação fotográfica

Conhecer as técnicas de manipulação fotográfica o ajudará a preparar imagens obtidas de originais escaneados, fotos digitais, bancos de imagens e outras fontes. Além de aumentar a qualidade do material bruto, é possível aplicar os mesmos princípios com mais criatividade em trabalhos artísticos, seja para produzir efeitos especiais, combinar diferentes imagens para montagens ou apenas garantir que a ilustração final esteja clara e nítida.

Infinitas operações matemáticas podem ser realizadas nos valores de cor dos pixels em sua imagem. Obviamente, as mais úteis correspondem às propriedades comuns, como brilho, contraste e matiz. São apresentadas pelo software na forma de barras, e os efeitos sobre a imagem são imediatamente visíveis conforme se move o controle deslizante para aumentar ou diminuir o valor.

Para ajustes mais inteligentes e eficazes, os valores de pixel ao longo da imagem podem ser primeiramente ajustados em um histograma (gráfico de colunas). Depois, os eixos podem ser alongados ou

Esta imagem (abaixo, à esquerda) pode parecer satisfatória na tela. Entretanto, quando impressa, as bordas dos filamentos do parafuso são suavizadas e perde-se a textura metalizada. O filtro Tornar Nítido, ao centro, recupera os detalhes. Aplicado em excesso (à direita), gera granulações e bordas de cores falsas; cuidado com isso após cada utilização do filtro.

Acima: Esta imagem parece desbotada e seu histograma no Photoshop confirma que sua gama tonal é limitada: nenhum pixel atinge os valores mais escuros (esquerda) ou mais claros possíveis (direita).

Acima: Após aplicar Níveis > Automático, o histograma é esticado, oferecendo um resultado muito mais ousado. Já que os Níveis Automáticos às vezes afetam o balanço de cores, o Contraste Automático e a Cor Automática são alternativas.

comprimidos para aumentar ou limitar a gama tonal da imagem, ou deslocar o ponto médio para alterar o equilíbrio entre tons claros e escuros. Isso é obtido utilizando o controle Níveis do Photoshop, comumente usado para corrigir imagens com aparência desbotada ou "turva", e com a opção Auto, que, muitas vezes, gera ganhos instantâneos na imagem. Como alternativa, o controle Curvas apresenta um gráfico em que os valores médios dos pixels são representados por uma linha diagonal. Pode-se inserir pontos nela e movê-los, ou redesenhar a linha como quiser, para mudanças tonais sutis ou radicais.

Filtros propiciam ajustes ainda mais complexos. O mais usado é o Tornar Nítido, em que o software

Manipulação fotográfica

detecta a transição entre as áreas de diferentes tonalidades e ajusta os pixels para enfatizar essa diferença. O objetivo é evidenciar os detalhes. Uma vez que o processo de impressão tem efeito borrado, a arte feita para ser impressa costuma se beneficiar de uma maior nitidez. A função Máscara de Nitidez auxilia atingir resultados ótimos em uma imagem.

O Desfoque também é indicado e pode ser complementado por uma alternativa mais controlável, o Desfoque Gaussiano. Tenha em mente, entretanto, que Desfoque e Tornar Nítido não criam necessariamente efeitos contrários: o Tornar Nítido não vai salvar uma imagem extremamente borrada, nem o Desfoque vai recuperar uma nítida demais. Outros filtros, em geral disponibilizados como plug-ins pela Adobe ou por terceiros, podem estilizar imagens, simular efeitos de luz ou criar padrões, como nuvens. Filtros que criam uma aparência específica, como baixo-relevo ou pintura a óleo, costumam ser

A caixa de diálogo Curvas pode revelar grandes contrastes ocultos nas imagens mais inócuas. Aqui, vários pontos foram manipulados para criar múltiplos picos e depressões, transformando um céu azul insípido em uma tela de fundo fantástica e sinistra. Surgiu também granulação imperceptível na foto original. Entretanto, isso poderia ser removido usando-se o Desfoque ou outros filtros.

Abaixo: A caixa de diálogo Matiz/Saturação/Luminosidade é uma ferramenta versátil, que permite fazer mudanças globais diretamente nos valores dos pixels. Matiz é o que costumamos chamar de espectro de cores.

A escala é medida de 0° a 360°, e deve-se imaginá-la como se estivesse dobrada ao redor de um círculo, com o lado esquerdo tocando o direito. Esse ponto representa ciano e, da esquerda para a direita, os valores atravessam o azul e o roxo até o vermelho (no meio) e então passam pelo amarelo e o verde de volta ao ciano. Saturação significa intensidade de cor, do pálido ao forte. Luminosidade é autoexplicativa. Vamos demonstrar os efeitos de diferentes ajustes nesta imagem de colorido brilhante.

evitados por ilustradores que temem comprometer a originalidade do trabalho.

Resultados estimulantes e inovadores podem ser obtidos usando-se filtros de um modo inesperado – por exemplo, aplicando configurações extremas para distorcer um efeito. Ajustes e filtros são aplicados tanto em uma imagem inteira quanto em uma área selecionada. Uma ferramenta essencial para retoque, que funciona de forma peculiar, é o Carimbo. Primeiro, clica-se em um ponto numa imagem para capturar os pixels adjacentes e, então, pinta-se outro lugar para aplicá-los. O ponto escolhido acompanha seu pincel; assim, é possível duplicar um espaço ilimitado. A ferramenta permite a remoção de elementos, como apagar uma figura irrelevante de uma foto de grupo ou duplicá-la, fazendo de poucas figuras um exército.

Abaixo: Arrastar o controle deslizante na barra Matiz Principal até +120 (um terço do caminho ao redor da roda de cores) altera a posição original de todas as cores na roda de cores. Os lápis preto e branco não são alterados.

Abaixo: Selecionando Verde em vez de Master, aplicam-se os ajustes apenas em determinadas matizes, definidas na barra de cor. Agora, apenas o verde "2" muda de cor. Essa técnica pode ser utilizada para recolorir imagens sutilmente.

Abaixo: Alterar a Principal Saturação para -50 empalidece as cores, criando uma gama de tons cinzentos. Inversamente, a alta saturação cria imagens brilhantes e mais fortes, apesar de as cores começarem a parecer artificiais.

COMO FUNCIONA A PINTURA DIGITAL

FOTOMONTAGENS podem ser indistinguíveis das fotografias reais. Por outro lado, também podem produzir um efeito mais artístico, com um resultado que apenas a ilustração apresentaria. Fotomontagem é o processo de montar ilustrações a partir de várias imagens diferentes.

Fotomontagem

As imagens podem ser escaneadas a partir de fotografias impressas, capturadas por uma câmera digital, criadas utilizando um aplicativo para modelagem em 3D ou mesmo desenhadas diretamente na tela. Na verdade, fotomontagens não precisam necessariamente utilizar fotografias: é o princípio que importa. Em uma fotomontagem, cada elemento é uma camada distinta, que pode ser manipulada independentemente das outras. Trabalhar dessa forma significa que é possível ajustar a composição da montagem ao longo do trabalho. Elementos podem ser movidos, redimensionados, coloridos novamente ou excluídos por inteiro. Só após ter concluído a montagem, deve-se "achatar" as camadas em uma única imagem composta.

Como é de se esperar, o Adobe Photoshop é a ferramenta preferida para fotomontagem. Suas funções de seleção, composição e manipulação de

Esquerda: Esta casa foi criada distorcendo-se a fotografia de um muro de tijolos para fazer as paredes frontal e lateral. Os mesmos tijolos foram escurecidos e distorcidos novamente para fazer o telhado e depois recortados para formar as chaminés.

Abaixo: Fotografias de uma porta e de uma janela foram distorcidas para se ajustar à perspectiva das paredes. As inserções em preto por trás das janelas foram criadas em uma camada separada (ver pp. 48-53).

PINTURA DIGITAL

Esquerda: Uma única cortina foi desenhada no Photoshop e então texturizada, duplicada e distorcida para se adequar a cada janela.

Direita: As duas placas "For sale" foram criadas como elementos separados e levemente distorcidas, utilizando-se, mais uma vez, o filtro Esferizar.

camadas são poderosas e altamente sofisticadas, permitindo ao usuário manipular imagens de praticamente todas as formas imagináveis. Como a interface é bastante intuitiva, novos usuários acham relativamente fácil aprender o Photoshop. Mais básico ainda é o Photoshop Elements, com muitas das mesmas funções a um preço bem menor, e aplicativos concorrentes, como o Corel PaintShop Photo Pro, também podem produzir excelentes resultados.

Ao produzir montagens, dificilmente serão usadas imagens inteiras na composição – por exemplo, muitas vezes será preciso recortar do fundo original o componente desejado. Pode-se usar várias ferramentas para selecionar uma região específica da imagem – desde simples seleções retangulares e elípticas até traçados – utilizando a ferramenta Laço, ou demarcadores desenhados com a ferramenta Caneta.

Abaixo: Esta é a casa finalizada, com todos os elementos nas posições corretas.

Para dar à casa a aparência de estar dentro de uma bola de cristal, ela foi distorcida usando o filtro do Photoshop Esferizar.

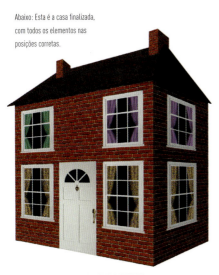

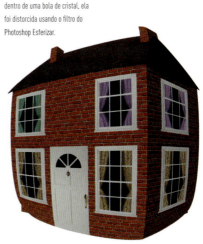

COMO FUNCIONA A PINTURA DIGITAL

Fotomontagem

O Photoshop também possibilita fazer desaparecer determinadas áreas da imagem selecionando todas as regiões de cor similar e excluindo-as, ou utilizando controles especiais para esconder as áreas mais escuras ou mais claras que o valor especificado. Mas atenção, excluir áreas de uma camada é um passo irreversível: uma vez excluídas, não se consegue recuperá-las mais tarde. Uma alternativa é utilizar a técnica da máscara, em que se ocultam porções de uma camada em vez de excluí-las. Ver as pp. 52–53 para obter mais informações sobre essa técnica útil.

Uma montagem bem feita pode parecer tão realista, que é difícil distingui-la de uma fotografia "real"; pode, também, ser mais artística e produzir um resultado final que é claramente uma ilustração. O exemplo apresentado nestas páginas está na segunda categoria. Apesar de todos os elementos terem sidos extraídos de fotografias, ninguém vai confundi-lo com uma.

Acima: A bola foi formada a partir de uma seção circular extraída da fotografia de um vaso; a base foi retirada de uma foto do troféu Oscar. O suporte é apenas uma seleção circular obtida pela digitalização de um pedaço de madeira.

Direita: Para dar vida à bola de cristal, foi aplicado o filtro Esferizar a essa digitalização de nuvens, e então seu modo de camada foi alterado (ver p. 50) para que apenas as áreas mais brilhantes fossem visíveis.

Abaixo: A cabeça e as mãos foram modeladas no Poser (ver p. 138).

O aspecto levemente irreal dos modelos do Poser é adequado para esse tipo de ilustração.

PINTURA DIGITAL

Esquerda: Essa imagem de um campo de estrelas foi posicionada diante das camadas das mãos e da cabeça, e seu modo foi definido de forma que apenas as áreas escuras desaparecessem totalmente.

Abaixo: A ilustração finalizada para o jornal britânico *Daily Telegraph* foi encomendada para acompanhar um artigo sobre a dificuldade dos corretores em prever o futuro do mercado imobiliário. O conceito resultou de conversas com o editor da seção.

APLICATIVOS DE INFORMÁTICA que conseguem imitar os efeitos naturais, como aquarela e óleo, vêm separados de pacotes. E contam com o bônus de que tudo de que o usuário não goste pode ser excluído completamente da tela, permitindo-lhe recomeçar.

Mídias naturais

Embora os editores bitmap sejam às vezes classificados como programas de pintura e apresentem ferramentas com nomes como Pincel e Lápis, apenas alguns modos dessas ferramentas guardam certa semelhança com seus homônimos no mundo real.

Simulações precisas de mídias naturais, como tintas e pinceladas, têm se mostrado difíceis de programar e exigem muito da potência do computador, o que as deixa entre os últimos itens da lista de prioridades no desenvolvimento de softwares tradicionais. Entretanto, para alguns usuários, em particular aqueles que convertem técnicas tradicionais como aquarela, lápis e tinta em ilustrações digitais, essas facilidades são primordiais.

Por mais de uma década, o líder em mídia natural tem sido o Painter, um aplicativo especializado, atualmente de propriedade da Corel. O Painter inclui alguns ajustes e filtros reminiscentes do Photoshop e também pode utilizar os plug-ins desse programa, mas a maioria dos recursos é voltada aos pincéis secos e molhados, canetas, lápis, giz, crayons e outras ferramentas artísticas tradicionais. Muito interessante é a função camadas de aquarela, em que sucessivas pinceladas podem ser feitas para seguirem e sangrarem juntas enquanto se pinta. Além de possibilitar a criação de efeitos altamente realistas, permite realizar operações que não seriam viáveis na mídia real, como apagar pinceladas de aquarela e recomeçar.

Para obter o máximo do Painter, é quase obrigatório investir em mesas digitalizadoras. Ao vincular funções da canetinha, como pressionar e dar batidinhas, a parâmetros como largura e textura das pinceladas, pode-se aumentar a sensação de interação física com o trabalho artístico. É possível desenhar com o mouse, mas ele executa movimentos pesados e perde-se boa parte do controle em tempo real das pinceladas. Muitos ilustradores profissionais, que originalmente treinaram em técnicas como óleo e aerógrafo, transferiram com sucesso suas habilidades para o Painter. O programa também é largamente utilizado nos departamentos de animação em 2D e em estúdios de cinema, onde introduz a visualização convencional e as habilidades de renderização ao domínio digital. Apesar disso, muitos usuários ficam frustrados. Na tela, centenas de controles são apresentados na forma de uma lista assustadora e bastante complicada.

Quando se inicia a pintura, diferentes camadas são criadas na imagem, dependendo do tipo de pincel utilizado, e cada uma delas responderá apenas à aplicação do pincel adequado. Quanto maior a resolução da imagem e maior o pincel utilizado, mais lento ficará o programa. Na prática, mesmo os formatos de imagem mais modestos vão desafiar o software. Entretanto, como o Painter está mais desenvolvido e os recursos da computação continuam a crescer, muitas dessas questões poderão ser resolvidas no futuro.

A complexa sobreposição de lavagem de cor e delicadas pinceladas na folha só pode ser produzida no Painter. Pelo menos dois conjuntos de veios foram desenhados, um com pinceladas finas e escuras e outro em cores apagadas, sugerindo superposição de imagens.

Criada no Painter, essa ilustração demonstra uma série de técnicas. Fica evidente que ela foi exaustivamente trabalhada e retrabalhada. Isso é possível porque o software permite sucessivas mudanças de pinceladas e distorções no que já foi pintado.

O sombreamento foi esboçado sobre a haste com um pincel muito fino de pelo de camelo, atuando como caneta. A mesa digitalizadora é ideal para detalhes finos como este, e a mesclagem e a sangria sutis do Painter garantem que as pinceladas estejam bastante integradas à aquarela.

Aqui as bordas foram "queimadas" utilizando-se um pincel apagador com uma cor escura secundária para obter a pintura ocre, acrescentando definição a esta área relativamente clara. Além disso, as cores ocre e verde foram mescladas com o uso de um pincel clareador.

Um pincel seco foi utilizado para raspar grosseiramente a pintura, acrescentando uma interessante textura. O aumento do contraste e da definição faz com que esta área pareça mais próxima dos olhos do observador e reforça a percepção de que o objeto tem profundidade tridimensional.

Uma lavagem contínua foi aplicada a esta área, utilizando uma cor escura. O propósito inicial era incluir sombras, mas isso também borra as pinceladas anteriores, ajudando a conferir uma impressão de foco seletivo à parte mais brilhante da maçã.

COMO FUNCIONA A PINTURA DIGITAL

Mídias naturais

Nenhum outro aplicativo chega tão longe nesse contexto, mas alguns editores de bitmap comuns oferecem pincéis que podem ser usados e editados com criatividade. No Photoshop, por exemplo, os pincéis podem assumir dois elementos sobrepostos utilizando qualquer um dos modos habituais de mesclagem, com tamanho, espaçamento, opacidade e cor definidos independentemente, para serem alterados de modo aleatório ou em resposta às funções da caneta da mesa digitalizadora. Não se consegue fazer com que as pinceladas se mesclem e sangrem juntas como no Painter, mas ainda se pode obter resultados impressionantes, em particular se experimentações criativas são mais importantes para o usuário do que imitar técnicas específicas do mundo real.

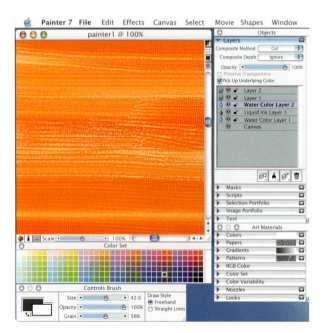

Esquerda: A interface do Painter é, em princípio, um tanto confusa, com uma estrutura desconhecida, e todas as diversas opções ocultam-se por entre as caixas de ferramentas em forma de listas. Quando se começa a pintar, entretanto, vai tendo-se aos poucos uma ideia das opções necessárias e de onde procurá-las.

Direita: A tecnologia de pincel do Photoshop tem seus pontos fortes. Essa pintura em camadas (acima) cria um efeito abstrato que seria difícil de se obter no Painter, e sua extensa configuração pode ser encontrada em um só lugar, facilitando a edição. Mas o Painter se destaca quando se trata de imitar mídias reais. Aqui (abaixo), uma espátula dentada é usada para esfregar camadas espessas sobre o papel, produzindo um trabalho artístico quase tridimensional.

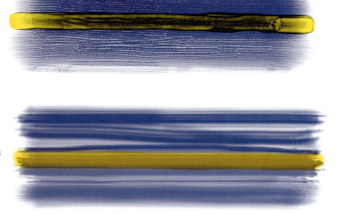

Direita: Os pincéis Aquarela do Painter simulam bem o curso em conjunto de múltiplas pinceladas de tinta fresca (topo). Observe o padrão distinto das cerdas e o modo como fica borrado com a adição de tinta amarela por cima. Um pincel equivalente no Photoshop (abaixo) produz um efeito vagamente parecido com pinceladas, mas com muito menos definição e incapaz de mesclar pinceladas sucessivas. Por outro lado, o exemplo do Photoshop foi criado muito mais rapidamente.

A PIXEL ART é um tipo de ilustração que muda totalmente o método convencional de edição bitmap. Em vez de utilizar altas definições e manipulação cuidadosa para evitar que fique aparente a natureza mapeada em bits do trabalho artístico, esses artistas celebram o meio digital trabalhando com resoluções muito baixas, utilizando pixels como se fossem blocos para construir imagens detalhadas, mas claramente em bitmap.

Pixel art

Como os modernos aplicativos de bitmap não foram criados com esse propósito, eles oferecem poucos recursos adequados. As ferramentas Seleção e Preenchimento podem ser utilizadas, desde que a opção Suavização de Serrilhado (anti-aliasing) seja desabilitada, visto que disfarça os pixels em vez de mantê-los intactos. Ferramentas para desenho de linhas podem ser utilizadas em ângulos de 90º e 45º, mas em outros ângulos os resultados são imprevisíveis. Assim, o processo inicial de desenho não costuma ser muito mais sofisticado do que posicionar pixels individuais de cores diferentes, um de cada vez. Como isso é muito trabalhoso, os artistas duplicam os elementos (seja do trabalho em curso ou de anteriores) ou desenham novos. Enquanto trabalham, os elementos podem ser separados em camadas diferentes ou como canais alfa, prontos para reutilização.

Pode-se abordar qualquer tema, mas um subgênero popular é a isometria, perspectiva usada tradicionalmente em desenhos técnicos. Com base em ângulos de 30º, esse método simplifica a construção de objetos 3D em trabalhos 2D; sua natureza abstrata e em diagrama ajuda a causar uma impressão característica. O sombreamento é acrescentado para intensificar o efeito semirrealista, e os contor-

Direita: A pixel art baseia-se em uma forma modificada de desenho isométrico. Uma grade isométrica verdadeira tem linhas em ângulos de 30º em cada lado na vertical. Quando essas linhas são mapeadas em bits, o efeito de serrilhado quebra-as em uma sequência irregular de segmentos de 1 e 2 pixels. Para uma aparência mais limpa, os artistas desenham linhas em ângulos de 22,5º. Assim como uma linha de 45º é formada de pixels ordenados um a um, uma linha com metade desse ângulo progride de dois em dois pixels. O resultado não é um desenho isométrico real, mas parece bastante.

Esquerda: Infelizmente, as ferramentas padrão de desenho bitmap são de pouca ajuda na construção de pixel art. A ferramenta Linha do Photoshop (à esquerda) já vem com suavização de serrilhado, e, mesmo quando essa opção é desabilitada, os resultados (no meio) são insatisfatórios, porque os pixels não são distribuídos de forma regular. Apenas um processo meticuloso para posicionar cada pixel com a ferramenta Lápis geraria o efeito limpo desejado (à direita).

Esquerda: Nesta parte da ilustração (acima), os artistas brincam com as convenções da pixel art ao fazer com que partes do edifício explodam de seus limites isométricos. Entretanto, mesmo onde há chamas, utiliza-se uma paleta limitada de cores, e as bordas estão serrilhadas.

Esquerda: Os Minipops do FlipFlopFlyin são um bom exemplo de arte bitmap, utilizando poucos pixels para construir retratos minúsculos do ZZ Top.

nos, de 1 pixel preto, dos elementos costumam ser mantidos como parte da arte final.

Com frequência, usa-se uma paleta de cores limitada. Ela pode ser definida pelo artista ou pode-se aplicar uma já existente; uma alternativa é a paleta conhecida como *web-safe*. Trata-se de um conjunto de 216 cores projetadas para serem exibidas corretamente em quase todos os computadores com acesso à internet. No entanto, como um número crescente de computadores suporta milhões de cores e as tendências em web design demandam o uso de imagens fotográficas intensamente coloridas, que não podem ser feitas em *web-safe*, esse sistema está perto de se tornar obsoleto. Apesar disso, ele ainda oferece uma seleção de tons esteticamente interessante.

Durante a edição, a readaptação ou a reprodução de pixel art, esteja atento para não comprometer o formato bitmap. O restauro da resolução (re-sampling) costuma incluir interpolação, que quebra a estrutura do pixel. Por essa razão, nunca se deve baixar a resolução das ilustrações. Se tiver de aumentá-la - por exemplo, aumentar o tamanho dos pixels para exibição em um site -, isso deve ser feito sempre em múltiplos inteiros de 100% e com a opção de re-sampling desabilitada. No Photoshop, selecione Pelo mais Próximo em vez de Bicúbico ou Bilinear.

Uma série de gêneros correlatos explora, de várias maneiras, os recursos digitais. Em ASCII art, por exemplo, fotos ou mesmo videoclipes são convertidos em grades de letras e números, utilizando a "escuridão" relativa de diferentes caracteres (um traço pode ser bem claro, e um M, bem escuro) no lugar dos valores dos pixels. Ainda que seja um processo automático, profissionais montam suas próprias rotinas de software para conversão e introdução de um elemento criativo. Outros ilustradores definem limites arbitrários para seus trabalhos, como utilizar apenas formas geométricas ou trabalhar com uma grade fixa, seja em bitmap ou em vetor.

PINTURA DIGITAL

TÉCNICAS DE PINTURA

2

EMBORA OS CONCEITOS BÁSICOS dos aplicativos de pintura como o Adobe Photoshop sejam bastante simples de entender, somente ao mergulhar em seus aspectos mais complexos se desvenda seu real potencial para ilustrações.

Vale a pena esforçar-se para compreender camadas, máscaras e filtros de efeito do Photoshop. Ao aprender a trabalhar com camadas, imediatamente se abre um leque de possibilidades de composição. Inclua os Estilos de Camada e os filtros Efeitos de Iluminação no repertório, e o trabalho terá um novo limite tridimensional. Pode-se, inclusive, combinar uma obra artística em papel com o Photoshop para acrescentar cor e sombra, com o potencial e a flexibilidade das técnicas digitais e a rede de segurança proporcionada por um único clique em Desfazer. E, se atingir os limites da capacidade do aplicativo escolhido, há uma série de plug-ins de terceiros esperando para expandir ainda mais as opções.

Um novo documento se inicia com uma única camada, conhecida como background (plano de fundo), em branco. Quando se acrescenta uma camada, seus pixels são transparentes; por isso, tudo o que está no fundo aparece. Qualquer coisa que se acrescentar à camada, seja pintando, seja colando elementos de outros arquivos, ficará sobre ela. Ao se acrescentarem mais camadas, a última delas aparecerá sobre a anterior. Cada camada é listada na tela em uma paleta, e elas podem estar visíveis ou invisíveis. Ou seja, pode-se trabalhar em uma única camada por vez ou conferir como ficaria a arte sem ela. Uma camada pode ser "ativada" a qualquer momento, e todas as operações que se fizer serão aplicadas somente a ela. Isso significa que, ao fazer uma seleção, apenas os pixels da camada ativa são selecionados – mover ou mesmo transformar a seleção não vai afetar as camadas acima ou abaixo. O ato de copiar e colar a seleção normalmente cria uma nova camada contendo apenas o material selecionado, que poderá, então, ser posicionado de forma independente.

Direita: Representação de camadas do Photoshop.

TRABALHANDO COM CAMADAS Em aplicativos como o Adobe Photoshop, camadas são essenciais para os métodos de trabalho da maioria dos ilustradores. Por manterem separados os elementos da ilustração ao mesmo tempo que se controla sua combinação para formar a composição final, as camadas oferecem vantagens práticas e criativas para a pintura digital.

Camadas

As camadas podem ser agrupadas em conjuntos, e assim reposicionadas juntas. Depois podem ser mescladas a outras permanentemente, e, por último, o documento inteiro pode ser achatado em uma única imagem composta, pronta para reprodução. Mas, ainda que as camadas apareçam umas sobre as outras, não é assim que se deve descrever o modo como elas se combinam. Cada camada tem os modos Opacidade e Mesclagem, que, juntos, determinam com precisão como os pixels interagem com os das camadas subjacentes.

No modo Normal, os pixels das camadas superiores simplesmente recobrem os das inferiores, de acordo com o grau de opacidade da camada superior. Entretanto, em outros modos, uma fórmula matemática é aplicada para determinar os valores de cor. Escurecer, por exemplo, substitui apenas os pixels mais claros que aqueles que estão sendo sobrepostos, mantendo intactos os mais escuros.

Multiplicação, por sua vez, cria um efeito mais sutil, multiplicando os valores de cor dos pixels novos e subjacentes, com um efeito de escurecimento. Divisão faz o oposto, multiplicando o inverso dos

Quando a camada Nuvens é posta no modo Luz Direta (esquerda), deixa à mostra a arte subjacente (direita) e aplica uma textura geral à ilustração, unificando os elementos díspares. A camada Nuvens (esquerda) escurece a obra inteira quando posicionada acima da composição (direita). A camada Nave Espacial (esquerda) é simplesmente posta sobre a camada Terra na composição. A camada Terra é posicionada fora do "quadro" (esquerda), mas ainda pode ser restaurada se desejado; nesta composição (direita), ela é cortada devido ao tamanho do quadro. A camada Estrelas fica embaixo, para formar o fundo.

valores de cor para obter um resultado mais claro, enquanto Luz Direta multiplica onde os novos pixels são escuros e oculta onde são mais claros, criando um efeito exagerado similar ao de um holofote. Há muitos outros modos para se optar.

Para maior refinamento das camadas no Photoshop, incorpore as Camadas de Ajuste. A maioria dos ajustes, como Brilho e Contraste, que se pode aplicar em imagens funcionam em uma camada de ajuste. Essa camada não contém nenhum pixel, mas traz informação sobre o ajuste, que, então, afeta os pixels em todas as camadas abaixo dela. Pode-se,

Acima: Quando a imagem do céu (acima, extrema esquerda) é posta em uma camada acima da cerca de arame (segunda à esquerda), vê-se o resultado obtido nas seguintes Opções de Mesclagem: Escurecer, Clarear, Sobrepor e Luz Brilhante.

portanto, aplicar efeitos sem compromisso permanente (as configurações da camada de ajuste podem ser editadas depois) enquanto os pixels das outras camadas permanecem intactos, alterando apenas a aparência da composição artística. Isso é ótimo, porque permite que se façam testes radicais com as ilustrações de modo inteiramente reversível.

TÉCNICAS DE PINTURA

MÁSCARAS DE CAMADAS permitem esconder e revelar diferentes aspectos da imagem. Mas o melhor é que a técnica é totalmente reversível. O meio mais fácil de remover parte de uma camada indesejada em sua imagem é excluí-la. Isso é bom quando se tem certeza de que quer descartar elementos permanentemente – por exemplo, ao cortar um objeto do fundo, estando ciente de não querer mais recuperá-lo.

Máscaras de camadas

Excluir (selecionando algo e pressionando a tecla Delete) e apagar (usando a ferramenta Borracha para limpar áreas) são ações permanentes, e devem ser feitas com cuidado. Uma solução melhor consiste em criar uma máscara para a camada que oculta partes desta sem excluí-las. A vantagem é que se pode ocultar áreas selecionadas e, se necessário, recuperá-las mais tarde. É a melhor maneira de manter suas opções em aberto, uma vez que não é necessário se comprometer com uma exclusão definitiva.

Uma máscara de camada é uma imagem em tons de cinza que interfere na visibilidade da camada à qual está vinculada. Todas as áreas em preto na máscara esconderão essas mesmas partes da camada, enquanto as áreas brancas permitirão que as outras seleções permaneçam visíveis. Áreas em cinza tornam a camada parcialmente visível – quanto mais escuro o cinza, mais ocultas ficarão essas áreas.

A maneira mais fácil de fazer uma máscara é pintar com um Pincel - é tão fácil quanto usar a Borracha. Pintar com um pincel de ponta dura cria uma ruptura brusca entre o visível e o oculto, e um pincel macio fará com que essa parte da camada desapareça gradualmente. Diferentemente do uso da ferramenta Laço, não é preciso delinear tudo de uma só vez, pois as máscaras podem ser pintadas em pequenas seções, aumentando a parte oculta da camada a cada pincelada. Alterar a cor de primeiro plano de preto para branco permite pintar de volta a camada exatamente da mesma forma. Isso possibilita recortes complexos, uma vez que não é necessário se preocupar em não excluir áreas que se pretende manter: pode simplesmente pintá-las de novo. Máscaras podem ser criadas com qualquer ferramenta de pintura, não apenas o Pincel. Use a ferramenta Degradê para fazer uma transição gradual em qualquer direção, ou a ferramenta Borrar para puxar fios de grama, cabelos, folhas e outros. Também se pode fazer seleções na máscara usando as ferramentas Laço e Letreiro, preenchendo-as com preto para ocultar grandes áreas sem ter o trabalho exaustivo de pintá-las.

Em geral, a máscara de camada está vinculada à camada e se move com ela. Mas, como mostram os exemplos do tubo e do anel na página ao lado, é possível separar as duas para que operem independentemente. Dessa forma, o tubo pode aparecer na frente e atrás da camada do anel ao mesmo tempo, aparentando passar através dele.

A contraparte da máscara de camada é a Máscara Rápida, um modo de seleção que atua exatamente da mesma forma. Acessa-se o modo Máscara Rápida pressionando *Q*. Então, pode-se usar qualquer ferramenta de pintura, como se pintasse uma máscara. Neste modo, a máscara sólida será mostrada em vermelho translúcido em vez de preto (assim, é possível ver o que está sendo feito). Ao deixar o modo Máscara Rápida, pressionando *Q* novamente, a área pintada torna-se uma seleção.

Esquerda: O cano está na frente da camada do anel; a máscara de camada foi feita apenas do lado esquerdo do anel, obscurecendo essa seção do cano.

   cano

Esquerda (centro): Quando o cano é movido, a máscara se move com ele. Isso porque a camada está vinculada à máscara (acima), o que pode ser visto pelo pequeno símbolo de corrente entre ambos, na camada superior da paleta Camadas.

Esquerda: Quando o vínculo é quebrado, os dois componentes passam a agir independentemente. Agora, podemos mover o cano do jeito que quisermos, e a máscara permanecerá onde está.

Acima e acima à direita: A caixa foi posicionada em um fundo de praia. Não parecia, de modo algum, pertencer ao local; por isso, foi criada uma máscara de camada e parte da caixa foi pintada. A cor de primeiro plano foi alterada de preto para branco, a fim de pintar novamente a caixa. Utilizando baixa opacidade no pincel, a área oculta foi parcialmente revelada; assim, a caixa é vista através da água. Um modo de pincel chamado "dissolve" pinta bordas grosseiras e pontilhadas, e aqui ele foi bem utilizado para pintar de forma mais convincente a máscara da caixa ao redor da areia.

Abaixo: Esta é a máscara finalizada, mostrando as bordas pontilhadas ao redor da areia.

A área cinza à direita cria as bordas semitransparentes da caixa.

TÉCNICAS DE PINTURA

O TERMO "fotomontagem" compreende uma gama extensa de estilos artísticos, desde o verdadeiramente fotográfico até o inteiramente ilustrativo. Nesse exemplo, vemos uma imagem que se encontra no meio-termo: mesmo sendo uma foto em processo de tratamento, está claro que não é uma foto de verdade.

Fotomontagem

Esta imagem foi encomendada para a capa da seção "Review" do jornal britânico *The Independent*. Ao combinar imagens de variadas fontes, o segredo para criar uma montagem bem-sucedida está em fazer todos os elementos se mesclarem de forma convincente. Estes não precisam vir da mesma fonte, nem mesmo de uma similar. Aqui, o garfo foi fotografado com uma câmera digital, o contorno do mapa era um mapa em PostScript cujos detalhes foram removidos, e o bife veio de uma coleção de fotografias com direitos de uso livres.

Em fotomontagem, ao trabalhar com montagens complexas com muitos elementos, é possível que tenhamos com uma dúzia de camadas distintas. Assim, é útil nomear as camadas conforme elas são criadas – nesse caso, podem se chamar "bife", "capa de gordura", "dentes do garfo", e assim por diante. Nomear camadas leva apenas alguns segundos e pode evitar uma tremenda confusão mais tarde.

O Photoshop também permite que as camadas sejam agrupadas, sem afetar sua aparência, tornando a navegação muito mais fácil. Além do mais, grupos inteiros podem ser ativados e desativados com um simples clique, possibilitando construir múltiplas variações de uma montagem em um simples arquivo e pular de uma para a outra imediatamente.

1. Para iniciar esta imagem, a silhueta do mapa da Inglaterra, da Escócia e do País de Gales foi girada para ajustar-se à fotografia recortada de um garfo. Essa será a base para o formato do bife.

2. A fotografia do bife é posicionada sobre o mapa. Não o cobre por inteiro, mas é bem fácil clonar áreas nos pontos necessários.

3. Quando o bife é "agrupado" com a camada do mapa, ele aparece apenas onde recobre o mapa. Agora, o bife assume a forma do mapa.

PINTURA DIGITAL

4. A camada do mapa é duplicada e deslocada para atribuir espessura ao bife. Esta camada é posicionada no verso, atrás do mapa original.

5. Agora, parte da capa de gordura do bife original é copiada para uma nova camada e agrupada com a camada "espessura". Elementos da gordura são movidos para contornar toda a camada.

6. Outra camada da gordura é copiada e agrupada com uma nova máscara, pintada sem muito detalhe ao redor de todo o mapa, de forma que a gordura contorne todo o bife.

8. É feita uma cópia da ponta do garfo em uma nova camada, trazendo-a para frente. Então, ela é mascarada de forma que o garfo aparente perfurar o bife. Sombras, tanto no bife quanto no garfo, acrescentam realismo.

7. Uma nova camada de ajuste escurece o bife. Pintando linhas diagonais irregulares na máscara para essa camada, cria-se a impressão de que o bife acabou de ser grelhado.

TÉCNICAS DE PINTURA

AUTOSSOMBREAMENTO E SOMBREAMENTO 3D podem criar profundidade e dimensão em imagens planas, bem como acrescentar contornos e textura aos objetos. O processo requer tentativas e erros, mas os resultados sempre compensam. Tradicionalmente, artistas simulam 3D pintando luzes e sombras.

Chanfro e entalhe

Para automatizar o processo, pacotes de software fornecem vários recursos, que podem ser utilizados com bastante eficiência para simular materiais e objetos em duas dimensões e meia ou em baixo-relevo. O tipo mais básico de autossombreamento é a técnica de chanfro e relevo. Ela funciona "deslocando" a informação existente em uma imagem. Sobrepor uma cópia mais clara deslocada acima e à esquerda ou uma cópia escurecida deslocada na direção oposta (abaixo e à direita) dá a impressão de uma luz descendo sobre o objeto a partir do canto superior esquerdo. Redimensionar cópias sombreadas de uma imagem para fora causa o efeito de uma pirâmide achatada, lembrando um botão – por exemplo, uma tecla de computador. Pode-se criar perfis mais complexos variando os deslocamentos, enquanto um resultado mais suave pode ser obtido aplicando um "desfoque" à imagem.

Programas bitmap e plug-ins combinam esses processos por meio de filtros voltados a produzir certos tipos de chanfros e contornos. No Photoshop, por exemplo, as ferramentas de chanfradura mais adaptáveis são encontradas no módulo Estilos de Camada, em que os contornos podem ser editados para regular a forma exata que está sendo representada.

Esquerda: Várias técnicas podem ser utilizadas para gerar luzes e sombras simples. A mais trivial é a interseção de cópias de um objeto deslocadas em direções opostas, que são então escurecidas ou clareadas. Esse processo é automático com o uso do filtro Entalhe do Photoshop, com resultados simples (da esquerda para o centro); depois, a imagem é manipulada com o filtro Desfoque Gaussiano para obter o efeito desejado (direita).

Esquerda: O sombreamento pode ser feito de várias formas para alterar a aparência. As experiências com Curvas no Photoshop oferecem efeitos como brilho (esquerda) e vítreo (centro). Se não for necessário o fotorrealismo, a gama tonal pode ser reduzida utilizando Posterizar (direita) para efeitos de arte pop. Há plug-ins para criar uma gama de resultados predefinidos ou personalizados.

Alterar o padrão de claro, escuro e desfoque no canal de textura muda a aparência do objeto virtual renderizado pelos Efeitos de Iluminação. Um canal alfa existente pode ser ajustado utilizando-se o controle Curvas. Aqui, diferentes canais alfa criados a partir de um disco desfocado formam uma borda simples arredondada (esquerda); uma borda arredondada com um sombreado externo, que evita que as bordas em destaque desapareçam no fundo (centro); e a simulação da tampa de uma lata (direita).

Embora a chanfradura tenha sido usada em excesso em contextos como botões de sites, ela continua sendo uma técnica versátil, com muitas aplicações úteis. Por exemplo, chanfros suaves podem acrescentar uma sensação sutil de profundidade a formas planas em uma composição; um efeito hoje visto com frequência em desenhos animados (que utilizam plug-ins especializados) e aproveitados em ilustrações que lembram cartuns e no desenvolvimento de personagens.

Sombreamentos pseudo-3D mais avançados podem ser obtidos com os Efeitos de Iluminação, que lançam brilho sobre uma imagem a partir de uma ou mais direções. Trata-se de um efeito 2D, mas pode ser aplicado por meio de um canal "alfa" para criar um contorno complexo. Um canal alfa é uma imagem em tons de cinza separada, similar a uma máscara de camada. Os pixels da imagem são alterados de acordo com o valor de cada pixel correspondente no canal alfa, e as áreas mais escuras parecem mais altas no contorno. Os valores dos pixels têm ajuste maior de acordo com a cor e a intensidade da luz em cada ponto. Ainda que não seja uma operação em 3D de verdade, pode ser utilizado para transformar formas simples em um objeto altamente realista em semi-3D.

Chanfro e entalhe

2

O filtro Efeitos de Iluminação oferece grande quantidade de controles de ajuste, que devem ser usados com cautela para se obter o resultado desejado. A posição, a intensidade e o foco da luz devem ser equilibrados com a exposição geral e o ambiente, para evitar que a imagem mergulhe na escuridão ou fique "branqueada". Duas barras de comando controlam as características da aparência do objeto que está sendo "materializado", variando do fosco ao brilhante e do plástico (suave) ao metálico (duro). Esses também vão afetar a gama tonal geral, e valores extremos podem criar artefatos (padrões gerados pelo software) indesejados no resultado final.

Mais importante ainda é o pré-processamento do canal alfa. Embora normalmente se crie o objeto como uma forma simples, em preto sobre branco, será preciso aplicar um pouco de Desfoque, o que cria uma transição no contorno de cima para baixo, em vez de pular, de um modo artificial, do máximo para o mínimo. Ajustes adicionais utilizando Níveis e Curvas vão definir a forma exata do contorno.

Nesse estágio, também pode ser aplicada textura, com um canal "textura". O filtro Ruído altera aleatoriamente os valores de determinada quantidade de pixels em uma imagem, gerando um efeito manchado ou granulado. Uma pequena quantidade de ruído acrescentada ao canal alfa vai dar uma aparência pontilhada quando forem aplicados os Efeitos de Iluminação. Mais ruído cria uma superfície grosseira, e desfocá-lo gera um efeito mais elaborado.

Algumas tentativas são necessárias para se obter bons resultados com Efeitos de Iluminação, mas o esforço costuma compensar. Ao concluir com sucesso uma tarefa, é aconselhável anotar as configurações da iluminação e a quantidade de Desfoque, Ruído e outros ajustes usados.

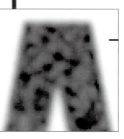

Esquerda: O texto e o contorno foram criados em um canal alfa (ver explicações anteriores). O canal é carregado como uma seleção, e o texto menor é extraído. O filtro Ruído é usado para dar granulação leve ao texto e à borda, mas não ao fundo. Depois, aplica-se um pouco de Desfoque Gaussiano para reduzir o ruído a um efeito mosqueado (detalhe). O texto menor é então tratado com menos ruído e desfoque.

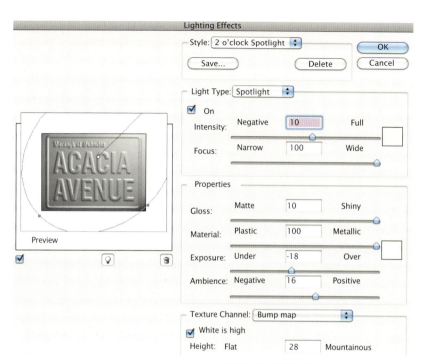

Acima: O canal alfa é escolhido como canal de textura para o filtro Efeitos de Iluminação. Ele cria a ilusão de um objeto 3D, equilibrando pixels claros e escuros. Quanto maior o contraste, maior a profundidade da textura. Diversas barras de comando controlam a profundidade aparente do objeto, bem como cor, direção, intensidade e amplitude da luz incidente. Há muitas opções de luz que podem ser utilizadas para composições mais complexas.

Direita: Isso gera o sombreamento básico, em que o texto menor parece mais suave e plano que o nome da rua e a borda. É necessário trabalhar mais até evoluir de uma imagem uniforme e acinzentada para um letreiro de cores vivas. O canal alfa é utilizado para separar o texto e a borda do fundo; o nome da rua é escurecido e o fundo, iluminado com Níveis; por fim, o texto menor é colorido com Matiz/Saturação.

TÉCNICAS DE PINTURA

POR MAIS que se use o mouse ou a mesa digitalizadora, há momentos em que só o lápis e o tradicional papel dão conta do serviço. Artistas com experiência em ilustração consideram desenhar no papel mais natural do que tentar obter linhas suaves com o mouse. Em casos como esse, será preciso digitalizar o trabalho antes e colori-lo depois.

Colorização do trabalho artístico

Artes digitalizadas costumam apresentar baixo contraste, com linhas cinza-escuras sobre um fundo cinza pálido. Isso ocorre particularmente em esboços a lápis. Em vez de tentar obter uma digitalização melhor, é mais fácil consertar isso no Adobe Photoshop: use os controles Brilho e Contraste, aumentando-os até obter linhas pretas nítidas sobre um fundo claro e branco.

Há duas formas de colorir as áreas selecionadas: Lata de Tinta e Varinha Mágica. A Lata de Tinta "derrama" cor dentro de uma área delimitada e é o método mais simples. Entretanto, devido à transição imperfeita entre o preto puro do contorno e o branco puro do interior, frequentemente se encontrará, no contorno preto, uma pequena borda branca remanescente. Além disso, essa forma de preenchimento significa colorir diretamente a camada de contorno digitalizada. É muito melhor manter os componentes de contorno e de cor como camadas distintas para, mais tarde, ter flexibilidade máxima.

Por essas razões, em geral é melhor usar a ferramenta Varinha Mágica, que seleciona áreas mas não as preenche. Em seguida, basta expandir a seleção em 1 ou 2 pixels (para ter certeza de que a cor se prolonga até os contornos) e, ativando a camada "cor", preencher com a cor escolhida. Mude de novo para a camada "contorno" para mais algumas seleções e continue esse procedimento.

Um problema em se usar Lata de Tinta ou Varinha Mágica é o "vazamento" da cor. Ambas vão colorir ou selecionar áreas totalmente delimitadas por seus contornos – isto é, selecionam áreas con-

Extrema esquerda: Digitalizar os contornos de um trabalho artístico, como este esboço simples, resulta muitas vezes em uma imagem desbotada, com fundo cinza-escuro.

Esquerda: Aumentar o brilho e o contraste no Photoshop ajuda a recuperar a imagem. Talvez também seja necessário remover alguns pontos pretos.

PINTURA DIGITAL

Acima: Eis um desenho característico do tipo de imagem que pode ser desenhada em papel antes de ser escaneada. Selecione automaticamente as áreas e, então, una todos os espaços no contorno. Lacunas podem dificultar a seleção.

Acima à direita: Selecione as áreas que serão preenchidas com a Varinha Mágica e amplie a seleção em 1 ou 2 pixels. Depois, em uma nova camada, preencha com a cor escolhida.

Direita: O restante do trabalho pode ser colorido da mesma forma. Multiplicar as camadas para cada elemento de cor pode facilitar seu ajuste mais tarde.

tíguas da mesma cor. Mas, se seu estilo de desenho deixa lacunas nos contornos, as seleções vão vazar por essas lacunas e preencher ou selecionar também a área vizinha, que pode incluir todo o fundo.

A solução é duplicar a camada de contorno logo após tê-la digitalizado e usar um pincel pequeno para unir as lacunas. Isso não significa que seja necessário alterar o estilo de desenho: simplesmente utilize a nova camada para fazer as seleções. Depois de preencher todas as áreas coloridas, poderá descartar a nova camada e retornar à original. No entanto, devido às áreas selecionadas terem sido alargadas em 1 ou 2 pixels, suas linhas de contorno estão mais finas que antes. Isso é facilmente corrigido: duplique mais uma vez a camada de contorno original e mova a nova camada para o topo da pilha. Com isso, ela irá obscurecer a coloração do contorno. Mas, se for alterado o modo de camada de Normal para Multiplicação, o componente branco (a folha de papel de fundo) desaparecerá por completo, permitindo que se visualize os elementos de cor que estão por baixo.

EMULAR O ESTILO de grandes artistas costuma ser mais fácil por computador do que por qualquer outro meio. Aproximar-se de um Rembrandt ou Caravaggio talvez esteja além das possibilidades da maioria dos ilustradores, mas a pop art se presta bem às tecnologias digitais. Aqui, veremos como criar imagens no estilo de Andy Warhol e Roy Lichtenstein.

Faça você mesmo – Pop Art

Para fazer esta imagem, é importante começar com o tipo certo de fotografia. Use uma que seja contrastada, com sombras marcantes; uma fotografia suave e com iluminação frontal é muito mais difícil de ser trabalhada. A técnica que usaremos aqui faz diversas cópias da imagem e aplica diferentes graus de "limiar" entre elas (um meio de converter uma fotografia digitalizada para preto e branco puros), a fim de criar as diferentes camadas de sombreamento na imagem.

1. Esta é a cabeça original para nossa imagem de Warhol. Foi retirada de uma coleção de fotografias livre de direitos autorais, mas há muitas fontes de imagens compatíveis.

2. Comece duplicando esta camada (precisaremos dela mais tarde) e preencha-a com uma cor de pele compatível. Você pode preencher a seleção com a cor de primeiro plano no Photoshop pressionando Option+Delete (Alt+Delete).

3. Agora, duplique a camada original novamente e defina seu modo para Multiplicação. Isso faz com que a nova camada escureça as que estão abaixo dela: as áreas brilhantes não serão afetadas, como veremos mais tarde.

4. Use Limiar para converter a nova camada em preto e branco puros. Movendo o controle deslizante, podemos controlar o ponto de corte. Aqui, estamos criando as sombras marcantes; por isso, queremos ver apenas as regiões mais escuras.

5. Duplique novamente a camada original. Defina o modo como Multiplicação e repita a caixa de diálogo Limiar, movendo o controle deslizante conforme a imagem aparece. Ao colorirmos essa camada, faremos uma segunda camada de sombra.

6. Pinte o cabelo em uma nova camada. Defina o modo dessa camada como Cor, mudando a tonalidade das camadas abaixo sem aumentar o brilho; assim, o sombreamento permanece visível.

7. A cor das pupilas e da sombra nas pálpebras é aplicada da mesma forma. É aconselhável criar todos esses elementos em camadas distintas, para facilitar a edição e alteração das cores mais tarde.

8. Usar o modo Cor para a camada "lábios" produz um efeito desbotado, mas nós queremos lábios bonitos e marcantes. O modo Multiplicação funciona muito melhor neste estágio específico.

9. Ainda que seja viável pintar o branco dos dentes e dos olhos em uma nova camada, é mais fácil ajustá-los na camada "básica (cor de pele)". Use a ferramenta Subexposição ajustada para Realces para iluminar essas áreas. Por fim, aplique duas pinceladas de vermelho nas bochechas.

TÉCNICAS DE PINTURA

Faça você mesmo – Pop Art

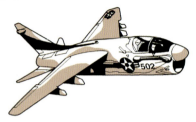

1. Este é o ponto de partida para nossa imagem em estilo Lichtenstein. É uma imagem simples de um avião, extraída de uma coleção de clip art livre de direitos autorais.

2. Em uma nova camada do Photoshop, pinte o sombreamento do avião. Defina o modo da nova camada para Multiplicação e veja, através dela, os detalhes do avião abaixo.

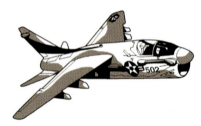

3. Agora, duplique essa camada e use o filtro Meio-Tom em Cores para adicionar os pontos. Os ângulos de tela padrão na caixa de diálogo resultante correspondem aos da impressão em retícula; defina todos em 45° para obter este efeito gráfico.

4. Preencha com azul o fundo, crie uma nova camada preenchida com cinza e repita o filtro anterior. As nuvens são simplesmente pintadas de branco em uma nova camada.

5. Para fazer as chamas, primeiro desenhe um demarcador com a ferramenta Caneta. Pressione Enter para selecionar e preencha com cor de fogo.

6. Agora, desenhe outro demarcador ligeiramente menor dentro da chama original. Ao pressionar Enter, apenas a borda será selecionada. Preencha-a com preto.

7. Adicione mais camadas à chama exatamente do mesmo modo, seguindo os dois passos anteriores.

8. Inclua o texto da legenda e desenhe um balão abaixo dele, usando a mesma técnica empregada para fazer as chamas.

Pinturas de revistas em quadrinhos são fáceis de criar a partir de uma imagem adequada. O segredo está em achar a fonte correta para o texto. Aqui, utilizamos Tekton (disponível na maioria dos sistemas operacionais) para o balão e Comics Cartoon (disponível como parte de coleções shareware) ou variações dela (para o texto maior).

9. O letreiro maior precisa ser "rasterizado" (convertido para uma camada padrão) para que as letras sejam rearranjadas umas sobre as outras.

TÉCNICAS DE PINTURA

NO FINAL DOS ANOS 1990, surgiu um novo gênero de ilustração digital. Embora associado à rápida ascensão de novas agências, como a Attik, ele pareceu brotar de todos os cantos ao mesmo tempo, inclusive formando uma geração de estudantes de desenho gráfico especializados em programas com base nas novas tecnologias.

Ilustração em multicamadas

2

Rico em detalhes, profundidade e textura, empilhando uma imagem sobre a outra e evitando referências diretas sobre seu tema, este novo estilo abstrato – conhecido por alguns como "line action" devido à ornamentação típica com repetição de réguas, grades e círculos – foi uma inovação controversa mas notável, que se tornou possível apenas pelo uso de métodos digitais. Na verdade, o que o possibilitou foi a inserção de camadas no Adobe Photoshop. Quando os usuários puderam manter elementos separados mas que aparentavam estar juntos, as experiências com composição tornaram-se muito mais produtivas e potencialmente criativas. Junto com o crescente poder dos computadores e as novas fontes de matéria-prima (incluindo a internet, bancos de fotos livres de direitos autorais, escâneres acessíveis e softwares 3D amigáveis), a chegada das camadas fez surgir uma explosão de experimentações.

Claro que nem todos os experimentos tiveram bom resultado. Ao optar por esse tipo de ilustração, bom olho e noções de desenho conceitual costumam ser ainda mais importantes do que no trabalho artístico convencional, uma vez que aqui existem poucas barreiras entre arte e uma mistura sem sentido. Como em uma colagem ou fotomontagem, o ponto de partida em geral não é uma tela em branco, mas um grupo de matérias-primas, provavelmente iniciando com uma imagem ou forma que ativou o processo criativo em um ilustrador buscando um conceito.

Entretanto, a relação entre trabalho artístico e conceito pode ser um tanto vaga, e não por coincidência obras abstratas digitais costumam ser produzidas sem compromisso e, mais tarde, vendidas aos clientes como são ou modificadas para se enquadrarem num projeto específico. A ilustração destas páginas, por exemplo, veio de uma coleção encomendada e comercializada por um banco de imagens: diretores de arte compram a imagem como um arquivo PSD do Photoshop, com camadas intactas, e podem editar e subtrair elementos ou combinar camadas de diferentes arquivos a fim de personalizar a arte segundo suas necessidades.

Na ausência de metáforas evidentes e jogos visuais característicos das ilustrações convencionais, essas imagens têm de encontrar novas formas de atrair o interesse do espectador. Formas visuais impressionantes (como padrões de luz explosivos ou construções geométricas ou orgânicas evocativas) costumam ser usadas para chamar a atenção. Elas vão compor o primeiro plano, frequentemente organizado em oposição intencional às ideias tradicionais de composição, com grandes áreas em branco. Por trás, camadas densas com material complementar expandem-se até os limites do quadro e parecem se distanciar em direção ao infinito. Aqui entram alguns truques artísticos tradicionais: a ilusão de profundidade é criada ao escurecer, iluminar, diminuir a saturação ou desfocar os elementos, e a impressão de movimento é criada repetindo-se objetos em diferentes escalas, cores e opacidade. A frenética "ação em linha" pode trabalhar de forma similar às linhas de movimento dos cartunistas, ou exemplos mais calmos podem dar a impressão de movimento fluido, um efeito realizado de forma mais literal em gêneros correlatos de animação para web.

Um bom conhecimento dos vários tipos de camadas e modos é essencial e desenvolve-se com a experiência. Os modos de mesclagem como Superexposição, Clarear e Sobrepor são particularmente úteis para construir imagens densas, já que preservam as contribuições das camadas subjacentes. Elementos em primeiro plano com arestas duras podem ser cortados usando-se transparência ou camadas de máscaras. As camadas de ajuste podem alterar a cor ou o brilho de certos elementos – reunidos em grupos separados para limitar seu efeito – ou do trabalho artístico inteiro, enquanto deixam as imagens em si intactas e todas as opções abertas a mudanças posteriores.

Mas ainda há alguns limites impostos pela tecnologia a toda essa criatividade desenfreada. Enquanto o tamanho dos arquivos de uma única imagem é determinado por sua resolução, a quantidade de dados em um documento em camadas é ilimitada. O gerenciamento de memória inteligente do Photoshop garante que o usuário não seja impedido de trabalhar com uma imagem, mas um arquivo A4-plus repleto de camadas pode diminuir o desempenho mesmo em sistemas com um processador rápido e 1 GB de RAM. É sempre útil salvar, a cada estágio, uma cópia completa do seu trabalho e, então, mesclar todas as camadas que não deseja alterar, criando uma versão menos pesada para continuar o trabalho.

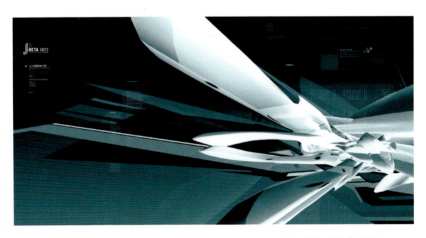

Imagem de gform 1.26, por Bradley Grosh e Anders Schoroeder, da coleção Infinity, Digital Vision.
WWW.DIGITALVISIONONLINE.CO.UK

Ilustração em multicamadas

Direita: Aqui, diversos elementos 3D foram combinados para sugerir formas tanto orgânicas como tecnológicas. Objetos como este podem ser modelados em um pacote 3D e renderizados como arquivos bitmap, ou criados com Photoshop usando-se ferramentas pseudo-3D, como plug-ins de chanfradura. Um aspecto característico é que as formas são extremamente distorcidas, dando a impressão de uma perspectiva exagerada que atrai os olhos para a imagem.

Acima, página ao lado: Os elementos principais em 2D são simples formas coloridas, que podem ser desenhadas no Photoshop ou importadas de um pacote de desenhos. Modos mesclados, como Superexposição de Cores e Luminosidade, são usados quando as formas precisam ser vistas através de outras. Ainda que o trabalho em 2D seja visto aqui em camadas bitmap, também é possível usar camadas vetoriais, propiciando um dimensionamento livre sem perda da qualidade. Formas em vetor poderão ser renderizadas em pixels quando houver necessidade da aplicação de filtros bitmap. Esta é a aparência da composição inicial. As camadas em 3D estão no alto da pilha. O modo Normal é usado para substituir os pixels subjacentes, mas as máscaras de camadas restringem cada uma à forma ali contida, deixando que as áreas ao redor sejam vistas através delas (máscaras de camadas são mostradas à direita do conteúdo de cada camada na paleta Camadas). A camada de fundo é preenchida com degradês que vão do azul-claro embaixo até o branco em cima. Isso é alterado por uma camada de ajuste (01) com a função Níveis, que, por sua vez, é limitada por uma máscara de camada contendo um degradê diagonal. Graduando-se o ajuste em um ângulo para o preenchimento, cria-se uma cor mais clara e sutil.

Página ao lado, centro: A camada 29 é uma camada de ajuste posta em Inverter. As camadas de ajuste afetam todas as subjacentes; assim, essa opção verte toda a extensão do trabalho para uma imagem negativa, alterando a impressão de brilhante para ameaçadora. Um dos benefícios das camadas de ajuste é que se pode experimentar, sem compromisso, mudanças dramáticas. Por ora, o problema imediato é que elementos-chave ficaram rosa em vez de azuis. Isso será corrigido usando-se Matiz/Saturação com Colorir em outra camada de ajuste (33). Aplicar a mesma tonalidade por todo o trabalho ajuda a explicitar a composição frenética.

Página ao lado, embaixo: O trabalho é completado acrescentando-se meia dúzia de camadas extras contendo sombreamentos sutis, cópias desfocadas de alguns elementos-chave e um fundo de papel gráfico. Cada um desses é inserido em camadas dispostas na ordem adequada de empilhamento.

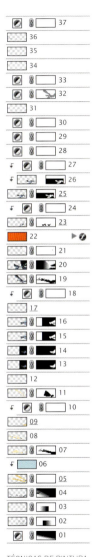

Esquerda: O número e a diversidade das camadas na paleta podem tornar essa imagem assustadoramente complexa, mas facilitam muito o trabalho.

Uma vez que em cada camada as técnicas de pintura podem ser ligadas e desligadas à vontade, e seu conteúdo editado de forma independente, há a opção de mudar um elemento ou o aspecto do trabalho sem afetar os demais e sem ter de repetir operações complicadas de mascaramento.

TÉCNICAS DE PINTURA

DESENHO DIGITAL

**TÉCNICAS DE DESENHO
PRINCÍPIOS DO DESENHO**

3

DESENHO DIGITAL

PRINCÍPIOS DO DESENHO

DESENHAR com um aplicativo baseado em vetores requer uma abordagem diferente da dos pacotes baseados em bitmap discutidos anteriormente.

Desenhos vetoriais são feitos a partir de elementos simples combinados em objetos e, juntos, formam desenhos finalizados. Fizemos o elemento mais simples, o demarcador, com curvas de Bézier. Com a aplicação de traçados e preenchimentos, damos forma e cor a esse demarcador, produzindo um objeto a partir do contorno. Arrumando, empilhando e colocando os objetos em camadas, é possível produzir uma imagem desenhada, mas com uma diferença crucial. Cada objeto pode ser editado, transformado e redimensionado independentemente, gerando oportunidades amplas para experimentar e retrabalhar.

Esse jeito de desenhar leva tempo e prática para ser dominado. Trabalhar com as curvas de Bézier pode ser difícil para os que estão mais acostumados aos meios tradicionais de caneta e tinta. A abordagem pode parecer clínica e bem menos intuitiva. No entanto, logo descobrimos meios rápidos de produzir formas complexas com traço e preenchimento mais avançados, que colocam diversas possibilidades criativas ao nosso alcance. Preenchimento em degradê, efeitos de transparência e opções de mesclagem podem tornar suas ilustrações ainda mais atraentes, e cada efeito de sombreamento possível no papel tem seu equivalente no campo digital. A recíproca não é verdadeira.

E isso não é tudo. Como os objetos podem ser copiados e usados indefinidamente, a abordagem vetorial poupa mais. Por que desenhar cada janela em um edifício se você pode simplesmente copiá-las, transformá-las e redimensioná-las?

Página ao lado: Até o mais simples desenho vetorial baseia-se num número de demarcadores compostos por múltiplas curvas de Bézier. Produzir tal objeto é um processo complexo, mas, uma vez criada, esta mão pode ser transformada ou redimensionada à vontade.

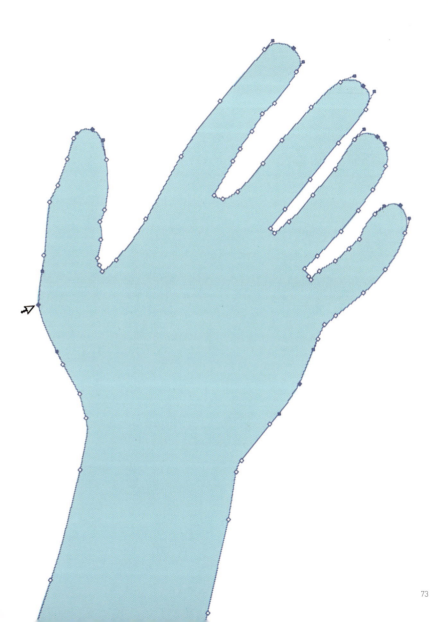

AS CURVAS DE BÉZIER utilizam modelos matemáticos complexos para ajudar ilustradores digitais a desenhar curvas, cantos, círculos e arcos com maior facilidade. É preciso prática, mas não é tão assustador como parece no princípio. Todos os softwares de desenho vetorial são baseados nas curvas de Bézier, cada uma definida por quatro pontos: os pontos iniciais e finais (ou nós) e dois pontos de controle (ou alças).

Curvas de Bézier

Nos bastidores, diversos modelos matemáticos distintos são utilizados para elaborar as curvas, mas o princípio geral é que elas se movam na direção das alças e nunca as ultrapassem. Curvas contínuas, ou demarcadores, são compostas por segmentos Bézier contínuos, cada um iniciando no ponto final do anterior. Duas alças de controle são dispostas em uma linha paralela que atravessa esse ponto, formando a tangente da curva. Isso é chamado de ponto de curva, e a curva passa suavemente através dele. Se for necessário, pode-se distanciar uma alça de outra, criando uma curva assimétrica, ou ajustar as alças independentemente, tornando a curva aguda, caso em que o ponto se torna um ponto de canto.

Usando a ferramenta Caneta do seu software, desenhe demarcadores clicando com o mouse no local do ponto seguinte. Clicar e soltar insere um ponto sem alças; repetir essa ação forma uma série de linhas retas. Para desenhar curvas, clique para inserir um ponto e, então, arraste para a frente segurando o botão do mouse. Assim, forma-se uma curva puxando uma alça, para o primeiro ponto do demarca-

Curvas de Bézier 1. Curvas e cantos
Neste exemplo, vamos desenhar um par de arcos, mostrando como formar curvas simples e cantos usando a Caneta e as curvas de Bézier.

 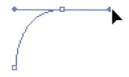 

1. Clique uma vez para marcar o primeiro ponto e, depois, clique onde quer o segundo ponto, mantendo o botão do mouse pressionado.

2. Arraste o ponteiro para obter uma alça de curva; a outra alça a seguirá simetricamente no lado oposto do ponto.

3. Solte e, então, clique onde quer o terceiro ponto, formando uma curva com duas partes. Solte imediatamente, para formar o canto.

dor, ou duas alças simétricas, para todos os outros pontos. Se clicar no fim da curva sem arrastar, surge um ponto sem alças, e a próxima linha ou curva pode formar um ângulo agudo. Portanto, a regra básica é: clique + clique = linha reta; arraste + arraste = curva suave; arraste + clique = curva quebrada.

Ao concluir o demarcador, pode-se clicar no primeiro ponto novamente para completar uma forma fechada (conhecida como demarcador fechado), ou troque a ferramenta e clique longe do demarcador para deixá-lo como uma linha aberta.

Como mostram os exemplos abaixo (do Adobe Illustrator), tudo isso é muito simples na prática. Se as curvas de Bézier parecem um tanto misteriosas em princípio (o que é normal), elas são mistérios matemáticos bem monstruosos. Não existem métodos exatos, por exemplo, para desenhar um círculo usando as curvas de Bézier ou desenhar curvas concêntricas. Mas os desenvolvedores de software fizeram aproximações bastante precisas, e o modo como as ferramentas de desenho vetorial trabalham na tela é compreensível e eficiente após um pouco de tentativa e erro.

A fim de fornecer uma estrutura para desenhos precisos, os aplicativos vetoriais oferecem guias e grades tipográficas. Grades são a versão digital do papel milimetrado, mostradas atrás ou à frente do trabalho. Pode-se regular as unidades da grade, como a cada meia polegada (1 cm) ou 2 polegadas (5 cm), e também a quantidade de subdivisões. Guias são linhas horizontais ou verticais que podem ser postas em qualquer lugar ao longo da página para ajudar a alinhar objetos. Alguns programas, para facilitar o trabalho, permitem converter qualquer demarcador em guia.

As opções para encaixar (snap) permitem que se encaixem pontos nas grades e nas guias. Conforme se move o mouse – seja se preparando para criar um novo ponto, ou arrastar um ponto ou objeto já existente –, o ponteiro salta para agarrar o primeiro objeto que estiver por perto. Isso torna mais fácil garantir que as formas sejam sobrepostas com precisão ou fiquem encostadas umas nas outras. Alguns programas de desenho vão mais longe, oferecendo guias inteligentes que surgem para avisá-lo quando as linhas estão paralelas às outras ou a um ângulo específico.

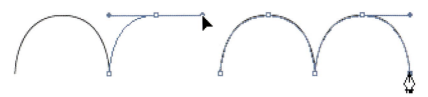

4. Clique onde deseja o quarto ponto e mantenha o botão do mouse pressionado enquanto arrasta a curva, como fez antes.

5. Clique e solte no ponto final para completar os arcos. Neste exemplo, mantivemos as alças alinhadas na horizontal segurando a tecla Shift.

PRINCÍPIOS DO DESENHO

Curvas de Bézier 2. Formas e ziguezagues

Continuar a curva pela linha formada por um par de alças cria uma forma em S.
Curvá-la para trás a partir de um canto cria uma forma pontiaguda.

1. Dessa vez, vamos desenhar uma chave. Tendo feito o primeiro ponto, clique o segundo e segure o botão do mouse.

2. Agora, arraste as alças para formar uma curva. Até então, a forma é idêntica à do passo 2 do exemplo anterior.

3. Posicione o terceiro ponto mais acima. Clique e solte para criar um canto. A curva forma um S.

Curvas de Bézier 3. Saliências e cantos forçados

Esta forma de nuvem baseia-se nos princípios básicos de Bézier: clique para formar um canto, arraste para ter uma curva. Mas são necessários alguns truques extras.

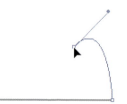

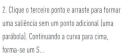

1. Depois de clicar para fazer o primeiro ponto, clique onde quer o segundo e solte, formando um canto.

2. Clique o terceiro ponto e arraste para formar uma saliência sem um ponto adicional (uma parábola). Continuando a curva para cima, forma-se um S...

3. ...mas queremos curvá-la para trás. Então, sem soltar o botão do mouse, aperte a tecla Option ou Alt para mover apenas uma alça e arraste-a de volta ao ponto.

Curvas de Bézier 4. Editando caminhos de Bézier

Não é preciso acertar todos os pontos e alças logo de primeira. A maioria dos programas de desenho disponibiliza várias formas de editar caminhos.

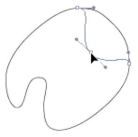

1. Os pontos podem ser movidos com a ferramenta Seleção Direta. Pressionando a tecla Shift, selecionam-se vários pontos, que podem então ser movidos todos de uma vez.

2. Com a mesma ferramenta, pode-se mover as alças. A alça de um par pode ser movida a uma distância diferente, ainda que sempre se mantenha paralela.

4. Clique e arraste o quarto ponto para formar a segunda curva simetricamente à primeira.

5. Clique e solte o último ponto para completar a chave. Usando princípios básicos, geramos uma forma mais complexa.

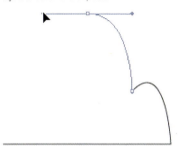

4. Isso cria um canto. Clique onde quer o quarto ponto e arraste para fazer uma curva comum.

5. Depois de clicar para fazer um canto no quinto ponto, clique de novo no primeiro para completar o caminho fechado e arraste para fazer as saliências.

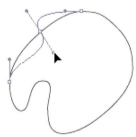
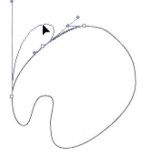

3. Clicar em um ponto com a ferramenta Converter recolhe suas alças, transformando-o em canto. A mesma ferramenta pode arrastá-las em direções não paralelas.

4. Arrastar a partir de um ponto com a ferramenta Converter substitui as alças por um novo par, em relação simétrica e paralela.

5. Em alguns programas, pode-se arrastar as próprias curvas para refazê-las; os pontos das alças circunvizinhas são ajustados automaticamente.

PRINCÍPIOS DO DESENHO

TODO CAMINHO VETORIAL tem "traço" e "preenchimento", e alterar essas propriedades pode transformar linhas simples em trabalhos vibrantes. O traço determina a aparência do próprio caminho; ele pode ser invisível (sem traço) ou surgir como uma linha de determinada cor e textura. Quando um caminho é fechado, o espaço interno ter cor ou padrão.

Traço e preenchimento

Um traço simples consiste em uma linha simples. A espessura de cada um, também conhecida como peso da linha, é normalmente medida em pontos, assim como o tamanho da fonte. É possível especificá-la em outras unidades (como milímetros), se preferir. Cores podem ser selecionadas em bancos predefinidos, oferecidas pelo seu software, tiradas de uma roda de cores ou especificadas usando controles deslizantes com base em CMYK, RGB ou outro modo de cor (ver pp. 188-191). Também é possível guardar cores como amostras para uso futuro.

Vários pontilhados ou tracejados podem ser selecionados, e pode-se aplicar finais especiais às linhas nas formas, como uma ponta de seta. Traços mais complexos vão requerer o uso de pincéis; isso será explorado em detalhes nas pp. 92 a 95.

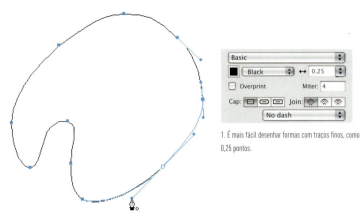

1. É mais fácil desenhar formas com traços finos, como 0,25 pontos.

DESENHO DIGITAL

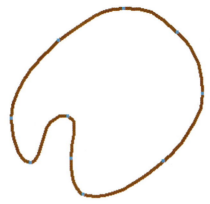

2. Qualquer espessura ou cor desejada pode ser aplicada às linhas no final do trabalho.

3. A maioria dos programas oferece uma variedade de traços pontilhados e tracejados, frequentemente personalizados pelo usuário.

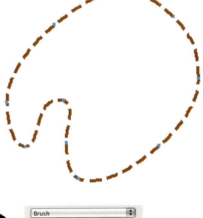

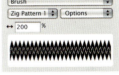

4. Ferramentas de pincel podem ser usadas para aplicar traçados complexos ou organizar pequenos objetos ao longo de um caminho.

PRINCÍPIOS DO DESENHO

Preenchimentos

Preenchimentos básicos podem ser aplicados escolhendo-se uma cor. Preenchimentos em degradê mesclam com suavidade uma cor à outra em um objeto, criando um sombreado mais sutil. Um degradê linear corre de um lado a outro em um ângulo determinado, enquanto um radial avança de uma cor em um ponto central a outra na extremidade. Hoje, quase todos os programas vetoriais oferecem degradês com múltiplos pontos, que podem atravessar qualquer quantidade de pontos entre o início e o final; as cores são incluídas como pontos em uma barra, representando todo o degradê. Alguns pacotes oferecem tipos adicionais de degradês. As formas também podem ser preenchidas com padrões, que o próprio usuário pode definir ao criar objetos menores, automaticamente reproduzidos para preencher o espaço desejado. Por fim, todo trabalho em vetor ou imagem bitmap importada pode ser posicionado dentro de uma forma a fim de preenchê-la. Isso é conhecido como máscara de corte.

Entretanto, quase todos os tipos de preenchimento têm a mesma limitação: ainda que sejam recortados pelas extremidades de todos os objetos a que são aplicados, eles não se distorcem para se adaptar à forma. Um preenchimento radial, por exemplo, sempre progride em círculos concêntricos, não importando se o objeto é circular ou não. Sombreamentos realistas podem ser criados manualmente utilizando o comando Mesclar, que constrói estágios intermediários entre duas formas ou mais (ver p. 84).

Como alternativa, o recurso Preenchimento do Gradiente do Illustrator cria um tipo de malha de preenchimento que pode ter cores diferentes despejadas em áreas distintas e ser redefinido à vontade.

1. O recurso Expandir pode verter traçados em contornos, recriando a espessura do traço.

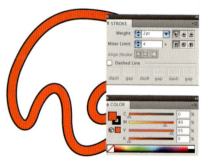

2. Um objeto com o traçado expandido pode receber sua própria configuração de preenchimento e traço, criando um contorno duplo.

DESENHO DIGITAL

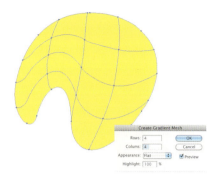
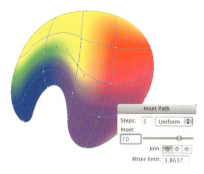

3. A Malha de Gradiente do Illustrator converte formas simples em malhas prontas para colorações complexas.

4. Clique ou derrame cores na malha e manipule os pontos da própria malha para obter efeitos complexos do tipo aerógrafo.

Esquerda: Esta ilustração complexa foi meticulosamente construída utilizando-se uma extensa gama de traçados e preenchimentos, incluindo linhas simples e tracejadas, preenchimentos simples, degradês e preenchimentos complexos criados pela mesclagem de objetos. O resultado é quase fotorrealista, mas com uma precisão e consistência que só podem ser atingidas em desenhos vetoriais.
FOTO: TREVOR JOHNSTON PARA MACROMEDIA

PRINCÍPIOS DO DESENHO

Preenchimentos

Preenchimentos

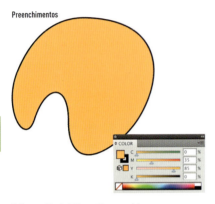

1. Um preenchimento básico consiste em uma única cor, preenchendo a forma sem se sobrepor ao traço.

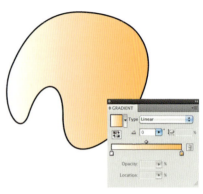

2. Aqui, aplicamos duas cores em um degradê linear com duas cores.

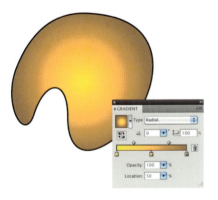

3. Para um efeito mais elaborado, usamos um preenchimento radial e acrescentamos cores à barra Gradiente.

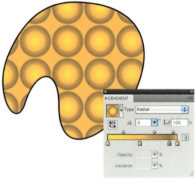

4. Aqui, transformamos um círculo preenchido com degradê em amostra, que é automaticamente repetido para preencher a forma.

DESENHO DIGITAL

Preenchimentos avançados

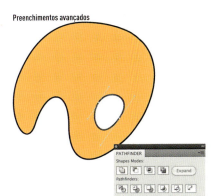

1. Para fazer um buraco em uma forma, desenhe um demarcador dentro de outro e transforme-os em um demarcador composto (use o painel Pathfinder no Illustrator).

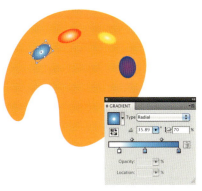

2. Aqui, aplicamos um degradê radial em diversos objetos e, então, mudamos as cores de cada um.

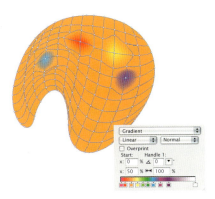

3. Para aplicar cores como com um aerógrafo, use a Malha de Gradiente e manipule as linhas da malha.

4. Toda forma pode conter uma imagem. No Illustrator, posicione a forma sobre a imagem, selecione ambos e, então, escolha Demarcador Composto no menu Objeto.

PRINCÍPIOS DO DESENHO

O CONCEITO DE ELEMENTOS EM CAMADAS é fundamental para o desenho vetorial. Todo objeto desenhado tem um lugar na ordem de empilhamento – quando as formas se sobrepõem, é a ordem na pilha que determina qual aparecerá na frente das outras. Por padrão, cada novo objeto desenhado é posicionado no topo da pilha e aparece na frente dos demais.

Empilhamento e camadas

Muitas vezes será preciso reorganizar os objetos durante o trabalho. Isso é possível usando-se os comandos Enviar para Trás, Trazer para a Frente, Recuar e Avançar. Os dois últimos trocam um objeto pelo anterior ou o seguinte na pilha, e podem ser repetidos até a ordem estar correta.

Conforme um objeto desce na ordem da pilha, pode desaparecer atrás de outros. No Illustrator, se o usuário souber que ele está lá, ele pode tentar selecioná-lo usando o comando Próximo Objeto Abaixo no menu Selecionar. Uma alternativa é trocar a exibição Contornar no menu Exibir para visualizar tudo na estrutura em forma de esqueleto, selecionar a forma desejada e, então, retornar para o modo de apresentação Visualizar.

Se forem agrupados vários objetos para que sejam movidos e escalonados como se fossem um só, o grupo ocupará apenas um lugar na ordem de empilhamento. Os objetos mantêm sua relação com os outros dentro da pilha, mas não podem ser movidos individualmente para frente ou para trás de outros fora do grupo.

Em ilustrações complexas, o número de objetos e de grupos pode ser bastante grande, tornando difícil gerenciar sua ordem na pilha. Para facilitar, pode-se usar "camadas". Como nos programas bitmap, elas funcionam como folhas transparentes em que se posicionam os elementos; as que estão abaixo aparecem através das áreas vazias. As camadas em si podem, então, ser colocadas na ordem de empilhamento e

Alguns programas vetoriais apresentam uma lista de camadas, grupos e objetos, que evidencia a ordem de empilhamento.

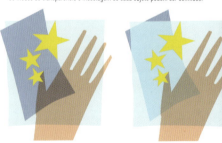

Os modos de transparência e mesclagem de cada objeto podem ser definidos.

movidas para frente e para trás, clicando e arrastando seus nomes na lista. Em alguns programas, objetos e grupos também são mostrados, fornecendo uma lista completa da ordem das camadas no trabalho e permitindo que os objetos sejam selecionados sem ter de encontrá-los e clicar diretamente neles.

Linha superior:

1. A mão é desenhada e aparece como o primeiro objeto na ordem de empilhamento.
2. Três estrelas são desenhadas. Para permanecerem juntas, temos de agrupá-las.
3. Desenha-se uma forma da cédula. Por ser o objeto mais recente, aparece por cima, cobrindo os outros elementos.
4. A cédula é enviada para trás. Isso a coloca no fundo da pilha, atrás dos outros objetos e embaixo da lista.
5. Uma forma é desenhada em uma nova camada. Embora esteja no topo dentro dessa camada, ela fica sob outros elementos por sua camada estar mais baixa que a deles.

Linha inferior:

1. O modo de mesclagem da mão é trocado de Normal para Multiplicação. Agora, sua cor combina com a dos objetos encobertos.
2. O modo de mesclagem da cédula é trocado para Superexposição de Cores. Apenas a forma do fundo é afetada; as outras estão por cima.
3. A cédula é trazida para frente. As cores da mão e das estrelas mudam na interseção com a cédula.
4. Um traço branco é acrescentado à cédula, que está no modo Superexposição de Cores. O branco é neutro neste modo, por isso o traço não é visto.
5. Mas, para fazer um contorno visível, uma cópia da cédula é colada por cima. Esta recebe o traço branco, sem preenchimento, e então o modo de mesclagem é posto em Normal.

Um número cada vez maior de aplicativos vetoriais deixa os objetos "transparentes". Nesse caso, os objetos subjacentes aparecem através de uma distância determinada. A ordem de empilhamento é preservada, e os objetos ou camadas subjacentes nunca modificam as que estão acima. Como os dispositivos de saída (incluindo as impressoras comerciais) podem não oferecer funções de transparência, a arte pode ser exportada convertendo-se os elementos transparentes em objetos vetoriais intersecionados ou bitmaps de alta resolução.

PRINCÍPIOS DO DESENHO

EM ILUSTRAÇÕES VETORIAIS costuma-se empregar técnicas variadas. Essa utiliza muitos caminhos diferentes para acrescentar efeitos sombreados, como mostram os gráficos separados. O cone do edifício azul na página 89 é sombreado pelo desenho de um contorno escuro (o corpo do cone) e um realce mais brilhante (o traço de luz que desce do lado esquerdo). Ao mesclar esses dois elementos, criamos um degradê suave entre escuro e claro.

Desenho explodido

O telhado do edifício marrom no centro da imagem foi criado preenchendo-se elementos planos com cores em degradê. Embora sejam mais fáceis de manejar do que as mesclagens, os preenchimentos em degradê só podem ser lineares ou radiais e, portanto, devem ser usados com cuidado. Ainda que o mesmo degradê tenha sido aplicado a todos os elementos do telhado, a direção do degradê foi alterada a cada vez para dar a impressão arredondada.

A figura do super-herói foi preenchida primeiro com cores lisas. O recurso Malha de Gradiente do Illustrator (ver p. 128) permite acrescentar pontos de outras cores simplesmente escolhendo-se a cor

Abaixo:
1. O contorno básico da figura do super-herói é desenhado sobre um modelo digitalizado.
2. Cada elemento do contorno é preenchido com cores sólidas apropriadas.
3. Sombras escuras e estilizadas são desenhadas diretamente sobre a figura. Aqui, foram separadas para mostrá-las isoladamente.
4. A figura colorida, junto com as sombras.

5. Uma versão mais clara da cor principal do traje é posicionada como Malha de Gradiente dentro da cor sólida, criando um efeito de mesclagem suave.
6. Como os objetos do Illustrator não suportam a Malha de Gradiente e traçado no mesmo objeto, um novo traço sem preenchimento tem de ser preparado para fazer o contorno da figura.
7. A figura completa, com Malha de Gradiente e traçado.

Essa ilustração dá uma ideia do processo de se construir um trabalho artístico complexo. A separação sob a ilustração principal sombreada mostra cada demarcador, sem preenchimento. Abaixo deste, vê-se o tipo de esboço digitalizado normalmente usado como modelo. A ilustração digital pode ser feita em cima disso.

Acima: A cúpula desse edifício compreende apenas cinco elementos separados. Quando sobrepostos e preenchidos com degradê simples, criam uma convincente ilusão de 3D.

PRINCÍPIOS DO DESENHO

Desenho explodido

e clicando-se no lugar adequado. As duas cores são mescladas automaticamente, produzindo um agradável efeito de aerógrafo.

Devido a essa imagem usar projeções isométricas em vez de perspectivas reais (ver p. 110), desenhar os prédios foi uma tarefa simples. Em cada caso, foi desenhada uma única janela, adequada à perspectiva do prédio. A janela foi, então, duplicada horizontalmente tantas vezes quanto necessário, e o grupo de janelas foi duplicado verticalmente até preencher a fachada do edifício. Um prédio foi duplicado e repintado para criar vários outros; as janelas foram recoloridas ao acaso para dar a impressão de haver luzes por trás delas. As janelas do edifício circular são um caso à parte (ver a página ao lado para saber como isso foi feito).

Acima: A cúpula da torre é feita com três elementos: a frente e a lateral da cúpula e, na ponta, o espigão. Versões menores do espigão e da frente são preenchidas com uma cor mais clara e posicionadas para criar um foco mesclado. São dez passos entre o início e o fim da mesclagem principal; aqui, eles foram espalhados para se ver cada um. O espigão usa apenas três estágios intermediários.

Direita: 1. O contorno é feito desenhando-se um arco, duplicando-o e, então, unindo-se as extremidades e preenchendo-o com um degradê.
2. Uma versão menor da forma resultante é preenchida com amarelo sólido para fazer a faixa de janelas.
3. Barras verticais são desenhadas no topo dessa janela para marcar a divisão das janelas.
4. A paleta Pathfinder do Illustrator permite subtrair da faixa as barras verticais, transformando-a em um anel de janelas individuais.
5. Repetindo os passos 2 a 4, mais janelas podem ser criadas com facilidade.

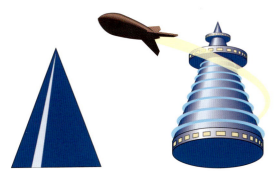

1. Os elementos da torre são desenhados como objetos individuais. Um único anel azul é desenhado e, então, redimensionado ao redor do espigão. Essa operação foi duplicada para fazer o restante dos anéis.

2. Um triângulo escuro forma a base do cone, enquanto um triângulo menor de cor mais clara é usado para o realce. Os dois são mesclados para criar o efeito sombreado final visto aqui.

3. O rastro de vapor do foguete é desenhado e preenchido com uma cor sólida e, então, posicionado no topo da torre. A opacidade desse trilho de vapor é reduzida em 80% para deixar à mostra a torre por trás.

PRINCÍPIOS DO DESENHO

TÉCNICAS DE DESENHO

OS APLICATIVOS Adobe Illustrator e CorelDRAW têm dado aos ilustradores digitais mais liberdade artística, com recursos que permitem ao usuário ir além do básico do desenho vetorial, introduzindo mais efeitos de "mídias naturais".

Até agora abordamos os aspectos mais fundamentais do desenho vetorial, e os resultados já são impressionantes. Mas tocamos apenas a superfície. Os dois principais aplicativos do mercado – Illustrator e CorelDRAW – agora vêm com uma série de recursos que dão ao usuário mais oportunidades artísticas. É possível, com um único clique, dar a um contorno a aparência de traçados esboçados e, com outro, de aquarela. Os pincéis caligráficos, padrão e de dispersão possibilitam que se transformem demarcadores básicos em algo espetacular e, como esses pincéis aderem ao demarcador vetorial subjacente, é fácil alterar a largura, o ângulo ou o estilo de traçado. Também se pode utilizar a ferramenta Malha de Gradiente para simular um sombreamento realístico em 3D, ou usar uma "malha" para distorcer objetos simples em novas formas, surpreendentes e magníficas. Também é possível converter uma imagem bitmap, como uma fotografia, em demarcadores, traçados e preenchimentos de um gráfico vetorial, criando desenhos quase instantâneos.

O ponto forte da ilustração orientada ao objeto também faz os aplicativos vetoriais serem uma escolha natural para as tarefas que podem constituir o grosso do trabalho do ilustrador. Desenhos isométricos e técnicos são simples, mapas podem ser feitos sem muita dificuldade e a possibilidade de copiar e redefinir objetos poupa uma enormidade de tempo. Um engenheiro ou arquiteto usará software especializado para desenhar um prédio comercial ou um mecanismo complexo, mas os pacotes baseados em vetor usam técnicas similares, dando à imagem a mesma aparência clara e precisa.

Ao lado: Criada utilizando-se uma série de pincéis artísticos do Illustrator, essa ilustração digital simula traços feitos com pinceladas naturais.

OS PINCÉIS ARTÍSTICOS DO ADOBE ILLUSTRATOR são desenhos de pinceladas tradicionais que podem cobrir as linhas de um trabalho artístico.

Pincéis

Conseguem fazer com que o traçado do desenho mais simples pareça uma criação complexa, com a vantagem de que o trabalho subjacente poderia ser editado com a mesma facilidade se não houvesse os pincéis artísticos. Há recursos para que os pincéis sejam redimensionados, repintados e retorcidos infinitamente para se adequarem ao trabalho em mãos, tanto global quanto individualmente, para cada grupo ou pincelada.

Quando um pincel artístico é aplicado à base do trabalho, ele age acima da estrutura subjacente sem alterá-la. Isso possibilita experimentar diversas pinceladas para ver qual se adapta melhor à ilustração. Você só se compromete definitivamente com o efeito se quiser, quando esses traços são transformados em contornos habituais do Illustrator, prontos para serem ajustados como em qualquer outro trabalho artístico. Isso oferece enorme flexibilidade e espaço para experimentação, sem criar trabalhos complexos demais que seriam difíceis de editar.

Os traçados dos pincéis artísticos são esticados para cobrir toda a extensão do demarcador selecionado. Na prática, isso pode fazer o traçado parecer pesado e artificial, mas existe um modo de contornar isso. Como mostra o exemplo na página ao lado, partir esse demarcador em diversos demarcadores menores força o traçado de pincel artístico a se redesenhar para cada segmento, resultando em uma aparência mais fluida e natural.

Pincéis personalizados podem fazer muito mais do que simular mídias naturais. Qualquer objeto desenhado no Illustrator pode ser definido como pincel. Junto com os pincéis artísticos, que seguem um traçado, há também os de dispersão (que posicionam múltiplas etapas do trabalho junto ao traço), os caligráficos (que posicionam uma linha angular junto ao traço) e os padrão (muito úteis para criar bordas personalizadas). Cada um deles vem com sua própria gama de variações – os de dispersão, por exemplo, podem ser ajustados para variar de tamanho, espaçamento, rotação e dispersão no demarcador desenhado.

Esquerda: Há dezenas de pincéis artísticos úteis personalizados para se escolher, além daqueles que se pode criar.

Abaixo: 1. Este contorno simples é a base para nossa pincelada. O desenho não está preenchido, e as pinceladas são mantidas relativamente finas.
2. O pincel Carvão acrescenta aspereza e complexidade ao contorno, com aparência apropriadamente irregular.
3. O pincel Caneta-tinteiro tem aspecto mais suave, mas ainda é claramente uma caneta que respinga.

4. O pincel Aquarela usa vários tons de cinza para criar um aspecto suave, quase transparente.
5. Novamente o pincel Aquarela, desta vez colorido em tons de vermelho e amarelo. A pincelada foi aumentada para dar uma aparência mais livre.
6. O mesmo pincel Aquarela, mas agora com uma cópia do trabalho artístico sobreposta usando-se o pincel Caneta-tinteiro com 75% de opacidade.

TÉCNICAS DE DESENHO

Pincéis

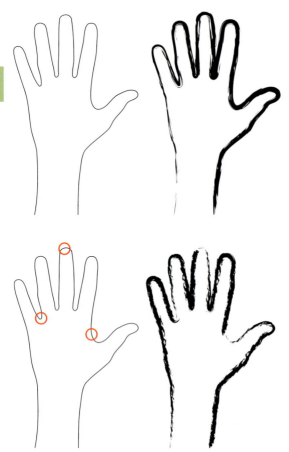

Esquerda: 1. O contorno simples de uma mão servirá de base para nossa aplicação de pincel artístico.
2. Quando o pincel artístico é aplicado à mão, a pincelada única segue o contorno do começo ao fim.
Abaixo à esquerda: 3. Podemos dividir esse demarcador único em diversos outros menores, cortando-o nos pontos demonstrados.
4. Agora, cada aplicação do pincel artístico se ajusta apenas ao segmento do contorno, resultando em um aspecto mais natural.

Direita e ao lado: Os dois elementos usados nesta imagem – um ramo de grama e uma bolha – foram definidos com dois pincéis personalizados: a grama como um pincel artístico e a bolha como um de dispersão.
Ao lado, topo à esquerda: Diversos traços foram desenhados utilizando o pincel Grama. Trocando a cor de cada pincel, varia-se a aparência.
Ao lado, acima à direita: Outra camada de pinceladas teve a opacidade reduzida para dar a impressão de estar a distância.
Ao lado, abaixo: Selecionando escala, espaçamento e distribuição aleatórios, fazemos as bolhas seguirem alguns demarcadores desenhados de um jeito natural.

DESENHO DIGITAL

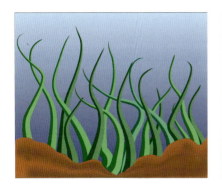
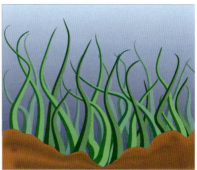

TÉCNICAS DE DESENHO 95

CEL SHADING refere-se ao estilo que utiliza blocos de cores para representar áreas de luz e sombra em uma figura.

Linha, cor e tonalidade

O uso de tons mais claros e mais escuros para definir a forma e o sombreado é inerente à maioria dos métodos de ilustração. Uma das formas mais simples é o sombreamento "cel shading", originário das primeiras animações, que usavam células para criar cada quadro ou *frame* – é muito simples de simular com o Adobe Photoshop. Aproveitando ao máximo as camadas, é possível obter rapidamente um visual de alta qualidade. Para um trabalho eficiente, deve-se empregar o tempo nos detalhes, em vez de buscar o visual completo da célula (cel).

Por fim, o cel shading costuma servir de base para muitos outros estilos visuais, como aerógrafo ou mídias naturais, e funciona como base da iluminação para a maioria das imagens. O tempo empregado no processo de cel shading vai aperfeiçoar o visual de qualquer imagem, independentemente da aparência que se quer para o trabalho final.

As partes mais iluminadas de um objeto são as que estão voltadas para a fonte de luz; as mais escuras, as distantes da luz. A menos que a fonte de luz seja muito pequena e fraca (como o brilho de uma tela de TV ou uma chama vacilante), a luz afetará o objeto por igual.

Em outras palavras, quase a mesma quantidade de luz atinge todas as áreas iluminadas. A fonte de luz incidente neste porco se origina no topo à esquerda; assim, todas as áreas voltadas para o lado oposto têm um sombreado mais escuro.

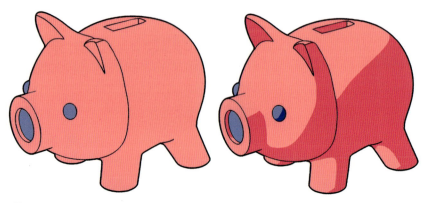

Acima: Uma definição eficiente das sombras pode fazer toda a diferença na solidez da imagem. Quando os objetos na cena afetam nitidamente uns aos outros, a imagem torna-se muito mais crível. Em primeiro lugar, a sombra do porco é vista no chão. O formato de seu corpo foi definido, e a sombra das orelhas também é visível. Segundo, o porco também lança sombras sobre si mesmo. Você consegue ver como o focinho bloqueia a iluminação do rosto e as duas pernas mais próximas de quem o olha não são iluminadas diretamente. É comum os objetos lançarem sombras sobre si, e deve-se estar atento a isso.

Acima: Com materiais brilhantes como plástico e pele (em alguns casos), talvez se queira definir melhor as sombras. Dar a essas áreas um sombreamento mais pesado ajuda a definir com mais intensidade o formato do objeto.

Abaixo: Realces só são necessários em materiais brilhantes, e podem ser usados em maior ou menor grau dependendo do efeito desejado. Nesta imagem, os realces foram acrescentados a partir da fonte de luz principal. Entretanto alguns realces adicionais foram inseridos na direção oposta, evidenciando uma outra fonte de luz próxima. Esse estilo de "luz de fundo" é um método bastante utilizado para dar mais volume ao objeto.

TÉCNICAS DE DESENHO

Linha, cor e tonalidade

Esquerda: Prepare uma imagem para cel shading, certificando-se de ter aplicado as cores básicas.

Acima: Uma cor média, como azul médio ou rosa desbotado, é usada para as sombras. Cinza também é uma alternativa, mas em geral fica mais monótono que uma sombra colorida. Em todo caso, a cor pode ser mudada facilmente depois; por isso, não importa tanto nesse estágio. Usando a ferramenta Pincel com um pincel de ponta dura, a cor é espalhada sem muita precisão sobre a imagem nas áreas não atingidas pela fonte de luz.

Abaixo: Usando a ferramenta Borracha ou Pincel com branco, as sombras podem ser removidas, acrescentando-se definição ao sombreamento.

Abaixo: Revelando-se a camada de cor, pode-se escolher o ajuste de cores. É possível trabalhar tranquilamente nas sombras com as cores ativadas.

Esquerda: Os realces mais brilhantes são acrescentados para iluminar áreas como os alfinetes e o cabelo. Mantendo a cor branca, mais realces são incluídos, como pequenos pontos e "cintilações" de luz branca para as áreas que mais captam luz.

Abaixo: Com todas as camadas visíveis, a imagem sombreada está completa.

TÉCNICAS DE DESENHO

O DESENHO DE PERSONAGENS é fundamental para uma narrativa visual eficiente e para a criação de cartuns digitais. O meio digital oferece enorme quantidade de estilos de tratamento que podem ser usados nos personagens.

Cartuns

Cartuns são uma das mais antigas formas de expressão artística, precedidas apenas pela narrativa verbal. Desde os primeiros borrões nas paredes das cavernas às maravilhas da Disney e da Pixar, a narrativa visual encontrou um novo lar no meio digital.

O desenho de personagens é o coração de qualquer desenho animado ou história em quadrinhos. Essencialmente, tendo bons personagens com motivações convincentes e colocados juntos em uma situação, as histórias criam-se sozinhas.

Todo o elenco pronto para a ação.

Um personagem, dez tratamentos diferentes.

TÉCNICAS DE DESENHO

Cartuns

O que buscar

Emoção. Temas como amor, ódio e ciúme podem impelir seus personagens e criar o enredo.

Humor. Nem sempre é necessário, mas, mesmo nas histórias mais sombrias, o humor pode enriquecer o texto.

Níveis da história. Sem exagerar, pode-se contar mais de uma história ao mesmo tempo no quadro, no diálogo ou ao fundo.

Níveis de significado. Incorporar temas e motivações extras mostra a complexidade da vida.

Mantenha o foco: É fácil dispersar-se do tema principal e cair em um beco sem saída. Faça esta perguntar a cada nova ideia: isso ajuda a história ou não?

Estrutura: Construa uma estrutura forte para o enredo. Depois, pode-se acrescentar todo tipo de adornos e detalhes, que a história continuará funcionando.

Ritmo. Uma boa história terá partes rápidas e outras lentas. Mesmo quadrinhos de ação precisam de momentos tranquilos para dar aos leitores a chance de recuperar o fôlego.

Incidentes. Às vezes vale a pena focar em um detalhe, um objeto, algo que alguém diz ou a visão através de uma janela. Detalhes podem enriquecer e dar consistência à história.

Encenação. É tradição dos filmes e da televisão que, ao mudar de cena, se mostra um plano geral onde se passa a ação e a posição dos personagens. Isso também se aplica aos quadrinhos.

Vilões (os interessantes). Vilões devem ter alguma profundidade – uma razão para serem odiados. Alguns dos melhores não são maus de verdade, apenas têm outro ponto de vista.

Sutileza. Muitas ações e emoções são mais bem descritas com gestos visuais sutis, como um olhar ou uma postura.

O que evitar

Texto demais. Personagens fazendo discursos longos, principalmente se estão apenas explicando o enredo, logo afastam a atenção do leitor.

Vilões (os chatos). Tente evitar caricaturas ou caras malvados com apenas uma ideia em mente, em especial "dominar o mundo".

Motivações inconsistentes. Os personagens devem mudar suas motivações apenas com os eventos que os afetam, não para se adequar ao enredo.

Ambientação demais. Quadros intermináveis com paisagens sombrias são tediosos e um desperdício do suado dinheiro gasto pelo leitor de quadrinhos. O ambiente é um aspecto visual que pode permanecer por trás da ação, separado da cena principal.

Enredos pretensiosos. Tramas complicadas demais nunca substituem uma boa narrativa. Encontre o nível adequado para sua história e seu público e vá em frente.

Falação demais. Leitores costumam ficar entediados com excesso de diálogo, porque isso é visualmente estático. Se há uma passagem cheia de diálogos, torne-a interessante incluindo uma ação visual secundária no quadro.

DESENHO DIGITAL

CEDO OU TARDE, pede-se a todo artista digital que crie um mapa. A qualidade do resultado final depende da sua inspiração artística, mas, tendo em mente algumas regras básicas, é possível eliminar boa parte do tédio desse processo. A técnica básica é simples. Comece desenhando uma rede de estradas, à mão livre ou por decalque sobre um esboço.

Mapas e plantas

É possível usar como guia um mapa já pronto, mas isso deve ser feito com extremo cuidado: os direitos autorais de mapas são bem protegidos, e usar o desenho de alguém pode causar sérios problemas.

Estradas devem ser desenhadas com traçados grossos pretos (da largura da linha), sem preenchimento. Se quiser, a espessura pode estar de acordo com a importância da estrada, mas é importante desenhar cada estrada como um demarcador separado para facilitar a edição mais tarde. Depois de desenhar todas as estradas, há um truque útil para os contornos. Primeiro, duplique a camada da estrada. Depois, bloqueie a original para que não seja alterada por acidente. Agora, troque a cor do traçado na cópia para uma cor clara (branco ou amarelo funcionam bem) e reduza a largura do traço. Isso deixa transparecer a estrada subjacente e cria um contorno. Quanto menor o novo traço, mais grossos os contornos – assim, se as estradas usarem traços de 9 pontos e a cópia usar de 7, as novas estradas serão 2 pontos menor, resultando em um traço de 1 ponto nas duas bordas. Tente variar essas medidas para estradas maiores ou menores.

Há diversas formas de criar outros elementos, como rios e estradas de ferro. Para desenhar um rio com espessura variada, crie um pincel personalizado feito de linhas azuis paralelas em um fundo azul pálido. Quando aplicado a um traçado, vai formar um rio estilizado parecido com os dos mapas de metrô. Para uma abordagem mais realista, será

Ao lado: 1. Comece desenhando as estradas que definem seu mapa. Deixe-as com um traçado preto, mas sem preenchimento. Desenhe cada uma como um demarcador separado.

2. Agora, aumente o traço das estradas. As menores aqui foram feitas com um traço de 9 pontos, enquanto as maiores receberam um traço mais espesso, de 15 pontos.

3. Duplique a camada da estrada para fazer uma cópia exata dela, e altere o traço na nova camada para uma cor contrastante. Reduzindo a largura do traço, faz-se o contorno de cada estrada: um traço amarelo de 7 pontos fornece um contorno de 1 ponto para as estradas menores, e um traço de 11 pontos forma um contorno de 2 pontos para as maiores.

4. Duplique novamente a camada da estrada, e corte o demarcador em segmentos onde cada nome deve aparecer. O recurso Texto sobre Demarcador fará com que os nomes corram com perfeição ao longo da estrada.

5. O parque é desenhado em uma nova camada, por baixo das camadas de estrada. Não é preciso seguir exatamente as linhas da estrada inicial, porque as camadas de estrada vão cobrir qualquer discrepância. É uma boa hora para escolher a cor de fundo. Fique com uma que contraste bastante com as informações no mapa.

6. O rio e as estradas de ferro são desenhados com diferentes tipos de traçados: um pincel artístico para o rio e um tracejado simples para as ferrovias.

7. Depois de inserir os nomes dos lugares (em uma camada própria), duplique a camada e acrescente um traço branco para destacá-los.

8. Com as informações no lugar, é hora de começar a ajustar. Incluir uma sombra projetada duplicando a camada da estrada faz com elas se destaquem: para pintar as estradas principais de forma diferente, basta trocar a cor do traço. Por fim, pode-se variar o tom de fundo usando a Malha de Gradiente, ainda que seja difícil de controlar – uma máscara branca por cima cobre as bordas irregulares.

necessário desenhar o rio com largura variável e preenchê-lo simplesmente com um azul pálido.

Pode-se criar pincéis personalizados para as estradas de ferro, mas há um jeito mais fácil. Primeiro, desenhe os trilhos com traçados finos, em preto e sem preenchimento. Então, duplique esse demarcador e aplique um tracejado: isso alterna espaços sólidos e vazios ao longo do demarcador. Aumentando a largura da linha e inserindo espaços (como os vãos) entre as linhas, é fácil simular uma estrada de ferro.

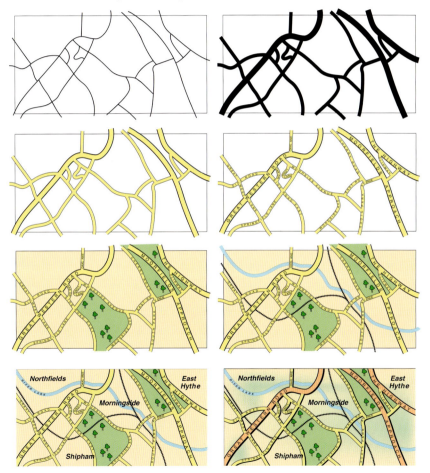

TÉCNICAS DE DESENHO

Mapas e plantas

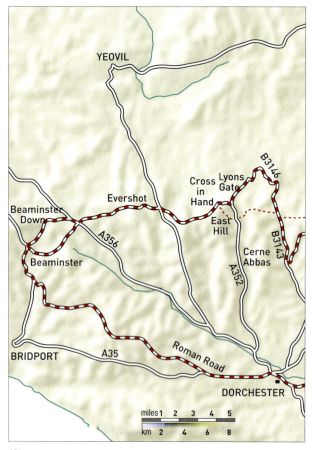

Esquerda: Neste mapa, o conteúdo restringe-se a objetos relevantes. A base tonal subjacente, que indica a estrutura topográfica, realça o tratamento simples dado aos outros itens.

Acima: Por vezes, será necessário mostrar informações específicas de um local numa vista mais ampla. Em vez de tentar mostrar o detalhe em um único mapa, use dois ou mais com escalas diferentes. A cada nível, o próximo estágio do mapa é mostrado como uma área suplementar. Variar o tamanho do mapa, tendo o maior como foco principal, cria combinações interessantes.

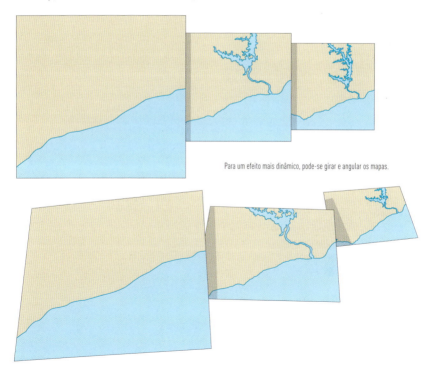

Para um efeito mais dinâmico, pode-se girar e angular os mapas.

TÉCNICAS DE DESENHO

Mapas e plantas

3

DESENHO DIGITAL

Ao lado, abaixo: Nem sempre é necessário que o ilustrador crie mapas do zero. Existem fontes que permitem que se editem e adaptem mapas pré-configurados, economizando bastante tempo e esforço. Entre eles, destaca-se o Mountain High Maps Plus. O texto pode ser editado e é fornecido como um kit de arquivos do Illustrator, um para cada mapa. Acrescentam-se os relevos da terra e do leito dos oceanos, oferecidos em arquivos bitmap de alta resolução nos formatos TIFF e JPEG. Rios que atuam como fronteira política e máscaras para várias regiões podem ser ativados e desativados, possibilitando criar um número ilimitado de opções visuais com o Illustrator, o Photoshop ou mesmo o InDesign. Os mapas-múndi também podem ser em forma de esfera usando os recursos 3D disponíveis no Photoshop.

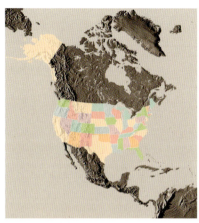

DESENHO ISOMÉTRICO é um tipo de perspectiva em que linhas horizontais são convertidas a ângulos de 30º em ambas as direções. Ao contrário das ilustrações com perspectiva real, aqui não existem pontos de fuga, e por isso os objetos não diminuem à distância. É o estilo preferido de ilustradores técnicos, por combinar a facilidade do desenho com a clareza da apresentação.

Desenho isométrico

Diagramas explodidos do interior de um computador, de partes de um motor e de componentes elétricos utilizam, em geral, desenhos isométricos, com o intuito de mostrar com clareza e precisão como os elementos se encaixam. Muitos ilustradores não técnicos também adotaram essa forma de criar imagens atrativas e altamente estilizadas.

Projeções isométricas também são muito utilizadas por projetistas de jogos eletrônicos (apesar de eles trabalharem, em geral, com bitmap, e não com ambiente vetorial). Jogos como SimCity, que precisam mostrar vários edifícios, estradas e características naturais, incorporaram esse método de desenho porque a ausência de uma perspectiva real simplifica o estilo visual e possibilita que o jogo flua melhor.

Criar uma grade isométrica é uma das formas de desenhar usando essa projeção; encostar cada ponto de caneta em uma linha da grade garante que, com

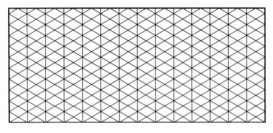

Esquerda: Se você vai fazer desenhos do zero, é útil criar uma grade isométrica igual a esta. Comece com uma matriz de linhas verticais, agrupe-as e incline-as 60º para fazer um eixo dimensional. Copie e gire horizontalmente para criar o outro eixo.

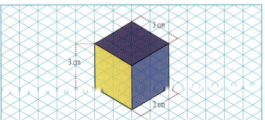

Esquerda: Em desenhos isométricos, cada dimensão preserva seu tamanho natural. Assim, ainda que os lados deste cubo pareçam estar voltados para trás em perspectiva, o comprimento de cada lado permanece com a mesma medida.

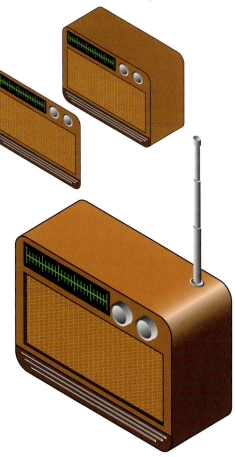

Tanto quanto desenhar projeções isométricas do zero, também é possível verter trabalhos prontos para uma vista isométrica. Aqui, começaremos com a visão frontal de um rádio antigo.

Acima, à direita: O primeiro passo é escalonar o trabalho horizontalmente em 86,6% (cosseno de 30º); depois, incliná-lo verticalmente em 30º. Isso forma o primeiro plano isométrico.

Topo, à direita: Para acrescentar o lado e o topo, duplique a camada traseira, recorte o demarcador, desloque a cópia do demarcador recortado e una as extremidades. Preencher com a mesma cor padrão marrom deixa o visual um tanto sem-graça.

Direita: Um preenchimento em degradê, nos mesmos 30º, é desenhado para oferecer um lado escuro, com brilho no canto arredondado. Duplique os botões para que tenham profundidade. Construa a antena com uma cópia do botão: o chanfro dentro da tela do alto-falante dará sensação de profundidade.

O recurso Guias Inteligentes do Illustrator oferece demarcadores e movimentações para fazer alinhamentos em 30º com os pontos existentes no trabalho, o que faz dele a ferramenta ideal para criar desenhos isométricos.

um pouco de atenção, a obtenção de ângulos corretos. É assim que um ilustrador tradicional costuma trabalhar, e esse método também vale aqui. Mas na arena digital dispomos de ferramentas mais poderosas: especificamente, a habilidade de cortar um trabalho artístico (inclinando-o ao longo de um único eixo) em exatos 30º, bem como a habilidade de escalonar o trabalho em 86,6%. Esse é o cosseno de 30º, ângulo necessário para fazer com que as laterais apareçam na proporção correta. O exemplo acima mostra, por meio dessas duas técnicas, como criar uma vista isométrica a partir de trabalhos prontos.

TÉCNICAS DE DESENHO

Desenho isométrico

3

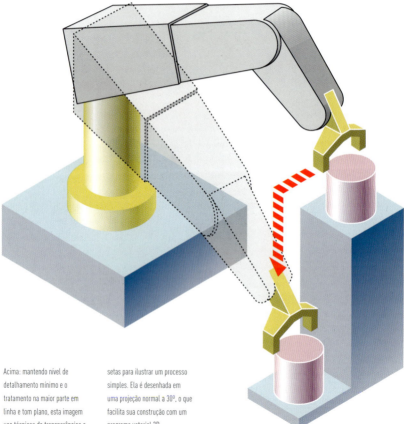

Acima: mantendo nível de detalhamento mínimo e o tratamento na maior parte em linha e tom plano, esta imagem usa técnicas de transparências e setas para ilustrar um processo simples. Ela é desenhada em uma projeção normal a 30°, o que facilita sua construção com um programa vetorial 2D.

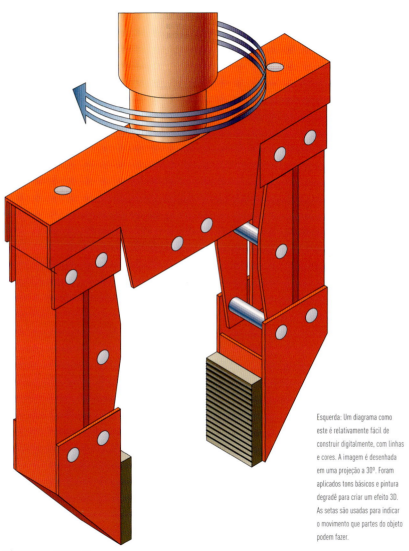

Esquerda: Um diagrama como este é relativamente fácil de construir digitalmente, com linhas e cores. A imagem é desenhada em uma projeção a 30º. Foram aplicados tons básicos e pintura degradê para criar um efeito 3D. As setas são usadas para indicar o movimento que partes do objeto podem fazer.

TÉCNICAS DE DESENHO

DESENHO TÉCNICO não é um campo pelo qual todo ilustrador gostaria de enveredar, mas é, por direito, uma categoria importante. Ilustradores técnicos utilizam, em geral, uma projeção isométrica do tipo descrito nas páginas anteriores, proporcionando uma visão clara de como diferentes componentes podem se ajustar.

Desenho técnico

3

O truque ao desenhar esquemas deste tipo é reaproveitar elementos figurativos sempre que possível. Visto que programas vetoriais permitem redimensionar, girar e manipular o trabalho artístico sem perda de qualidade, as partes individuais podem ser desenhadas em qualquer tamanho e, depois, redimensionadas como se quiser.

Os exemplos nestas páginas usam preenchimento degradê para dar textura às ilustrações; aplicar o mesmo degradê a todos os elementos da ilustração produz uma aparência homogênea. Também é possível, mais tarde, mudar o degradê por inteiro ou mesmo removê-lo: diversos desenhos técnicos usam preenchimento em branco com contorno preto simples para dar mais clareza.

Sombreamento tipo crosshatching (traços cruzados) – desenhar um grupo de linhas paralelas para simular sombras – é uma técnica útil por aplicar profundidade ao trabalho com linhas. O Illustrator tem um complexo mecanismo de crosshatching, que pode aplicar uma variedade de estilos de hachuras com elevado nível de controle pelo usuário.

1. Para criar uma engrenagem em 3D, comece desenhando um círculo.
2. Desenhe o primeiro dente radiando duas linhas a partir do centro do círculo e junte-as nas extremidades.
3. Esse dente é girado em 30°. Repita a operação para fazer o restante dos dentes.
4. Todos os elementos são mesclados, e surge um círculo central menor.
5. A engrenagem é compactada horizontalmente e duplicada para criar espessura.
6. A face de cada dente é desenhada como um novo elemento, para dar solidez à roda.
7. Uma sombra simples em degradê deixa a roda com visual mais tridimensional.

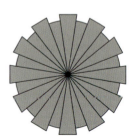

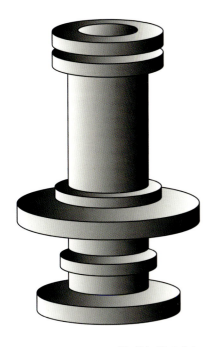
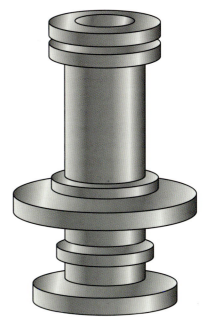

Acima: Várias cópias do cilindro podem ser redimensionadas, alongadas e combinadas para formar grande variedade de formas.

Acima: Quando um sombreado simples é alterado para outro mais complexo, a pilha de cilindros assume uma aparência mais metálica.

TÉCNICAS DE DESENHO

Desenho técnico

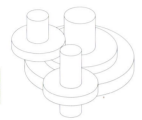
Linha

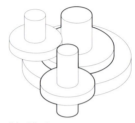
Linhas delineadas

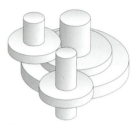
Linha e tonalidade

Acima: Três métodos usuais de desenho técnico.

Direita: Existem diversos métodos de ilustrar elementos que normalmente ficariam escondidos em uma ilustração comum. A vista em cutaway (ou raio-X) apresenta as partes obscurecidas.

Acima: O efeito "ghosting" usa transparências para revelar objetos ocultos.

Direita: A vista explodida separa várias peças e as mostra na posição que devem ocupar.

TÉCNICAS DE DESENHO

TRANSMITIR MENSAGENS Diagramas ilustrativos eficientes podem ter significados sem ser necessário recorrer a textos explicativos complementares.

Diagramas ilustrativos

3

Com tantas variações possíveis de estilos, estruturas e níveis de complexidade, os diagramas ilustrativos têm uma coisa em comum: devem comunicar uma mensagem. Podem ser utilizados para criar uma linguagem visual que substitua palavras com eficácia, transcendendo as barreiras da linguagem usual. A aplicação adequada de cores propicia uma amplitude ainda maior. O emprego de ângulos, espessura da linha e cores comuns a todos os elementos ajuda a dar clareza e evita ambiguidade.

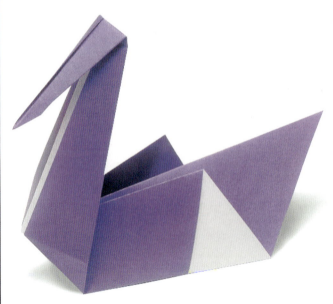

Esquerda e ao lado: Diagramas ilustrativos costumam ser utilizados em sequência, dividindo uma atividade complexa em uma série de passos simples. Certifique-se de que os passos tenham elementos em comum, para a série fluir visualmente. Marque claramente cada estágio e garanta uma boa separação entre eles, para que as partes não fiquem confusas. Neste exemplo, o tamanho permanece o mesmo até o sexto estágio, quando é aumentado para dar maior clareza. As setas são usadas para indicar movimento, e sua função é explicada na legenda. As letras servem para orientar o leitor, e a cor é usada para diferenciá-los da sequência de números. Note também o uso sutil de sombreamento para indicar variações nos planos de superfície. A sequência termina com a foto do resultado.

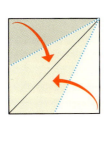
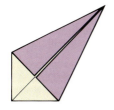
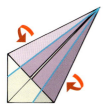

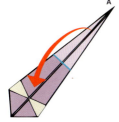
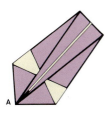
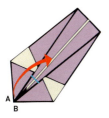
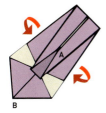
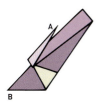

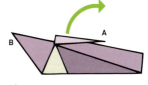

 Linha de dobra

 Dobrar

Virar

Puxar

TÉCNICAS DE DESENHO

Diagramas ilustrativos

Ao lado: A renderização detalhada dessa cervejaria tradicional leva tempo para desenhar, não importa o método. Criá-la com software 3D oferece ao desenhista flexibilidade para selecionar o melhor ângulo de visão do desenho. Também permite que se testem variações dos efeitos de luz. A imagem pode ser incorporada em uma sequência animada, com a vantagem adicional de ser reutilizável (sujeita a direitos autorais).

Acima: É melhor deixar os diagramas ilustrativos de coisas reais para os especialistas. Apesar da riqueza dos recursos digitais disponíveis hoje, são precisos anos de experiência para construir imagens convincentes. Contudo, os softwares atuais facilitam o esboço dos desenhos com um grau de acabamento surpreendente, podendo economizar horas de pré-planejamento.

TÉCNICAS DE DESENHO

ESTATÍSTICAS podem ser apresentadas por meio de diagramas com muita eficiência, usando-se variações ilustradas do modelo clássico do gráfico de barras.

Diagramas estatísticos

3

De todos os diagramas estatísticos, os baseados em gráficos de barras são os mais apropriados para uma ilustração. Posicionando juntas duas barras ou mais, pode-se ver o valor absoluto de cada uma e a diferença relativa entre elas. Podem ser dispostas na vertical ou na horizontal, e devem ter uma linha de base identificável.

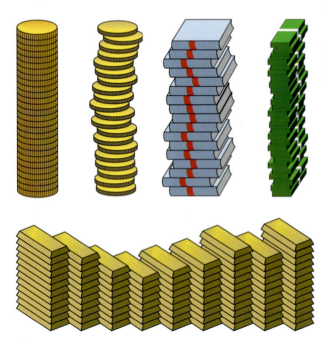

Esquerda e abaixo à esquerda: Logicamente é possível criar barras em 3D desenhando uma série de objetos 3D. Pode-se usar sombreamento para melhorar o efeito visual.

DESENHO DIGITAL

Acima: Um gráfico como esse com certeza causa impacto visual, e não é muito difícil de realizar com os softwares disponíveis, clip art e um pouco de imaginação. Ele pode ser usado para representar uma série de atividades relacionadas a viagens.

Acima: Aqui, um objeto familiar é utilizado como barra. O carretel foi criado com círculos e linhas, e a tira de filme é ainda mais simples.

Acima: Talvez se queira incluir personagens nos gráficos utilizando elementos ilustrativos de tratamento mais informal, como de cartum.

TÉCNICAS DE DESENHO

Diagramas estatísticos

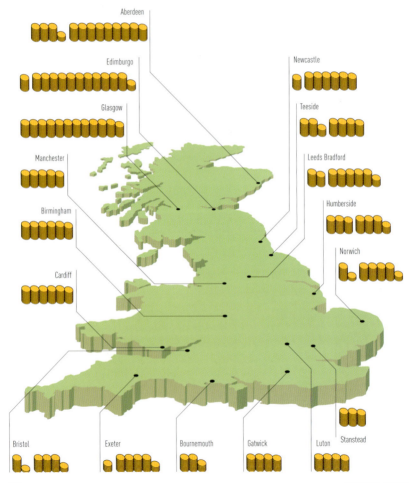

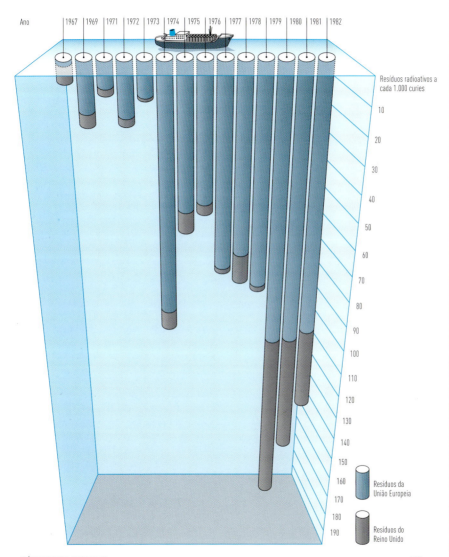

TRACEJADO E AUTOTRACEJADO Dada a existência de aplicativos e imagens tanto bitmap como vetoriais, é inevitável que o trabalho artístico precise ser convertido entre os dois. Existem diversas maneiras de fazer isso, cada uma com suas vantagens e desvantagens. Ainda que por vezes seja melhor fazer as coisas manualmente, a maioria dos pacotes tem uma opção mais fácil e automática de tracejado.

Tracejado

Esta solução é bem simples: cada pixel é simplesmente substituído por um quadrado geométrico preenchido com a mesma cor. Na prática, entretanto, isso seria inútil e altamente ineficaz. O desafio é transformar a imagem bitmap em algo que represente o mesmo objeto, mas com a economia característica (tanto estética quanto técnica) de uma arte vetorial.

Nos estudos avançados feitos pela indústria de desenvolvimento de software, muitos métodos diferentes para aplicar vetores em trabalhos artísticos em bitmap têm sido explorados e incorporados a programas especializados. A conversão de formas bitmap em vetoriais é conhecida como autotracejado (autotracing). No Adobe Illustrator isso pode ser feito com o recurso Live Trace, que oferece grande controle sobre o processo e pode dar excelentes resultados, seja na reprodução perfeita de um trabalho em linha ou na cópia detalhada de uma foto. Muitos artistas preferem desenhar os esboços iniciais em papel; o Illustrator possibilita que sejam digitalizados e convertidos em vetor para formarem a base de uma ilustração independentemente da resolução.

Entretanto, esse tipo de recurso não consegue, como faria um artista, ou mesmo uma criança, interpretar esteticamente uma imagem fotográfica e, a partir dela, criar um desenho. Apesar de o software utilizar técnicas de localização das bordas para tentar seguir o contorno dos objetos em uma cena, ele não compreende o conteúdo visual da imagem e não a interpreta de forma inteligente.

É aqui que entra o tracejado manual. A arte tracejada tornou-se, por direito, um gênero de ilustração digital e é normalmente produzida sem nenhuma automação. Em vez disso, após obter uma ou mais fontes de imagens adequadas (muitas vezes, faz-se isso organizando objetos ou amigos na cena desejada ou tirando uma foto com câmera di-

Esquerda: Por ser um clichê, esta imagem tem a qualidade visual de um pictograma. Entretanto, tecnicamente, trata-se de um bitmap com milhões de pixels de cores diferentes. Como convertê-lo em objetos vetoriais?

Esquerda: A ferramenta Live Trace do Illustrator procura uma forma de cada vez. O método consiste em clicar perto do limite do objeto para que o software faça o tracejado ao seu redor. Repita o processo até obter objetos suficientes para montar uma imagem. Após muita tentativa e erro, o resultado final tende a ser algo assim. O preenchimento foi inserido manualmente, uma vez que as cores da imagem foram ignoradas. Esse desenho altamente estilizado pode ser mais bem descrito como um remanescente do original.

Direita: O Live Trace é auxiliado pelo pré-processamento de imagens no Photoshop. Aqui, diminuímos a quantidade de níveis de cor usando Posterizar e, então, removemos o ruído usando o filtro Mediana. Tracejar cores planas é mais fácil, mas a qualidade já é limitada antes de começar. Tem-se controle limitado sobre as ações das ferramentas; sendo assim difícil melhorá-las ou personalizá-las.

gital), o ilustrador as carrega em um programa vetorial e desenha curvas de Bézier por cima; depois, exclui os bitmaps. Todas as opções comuns de traçado e preenchimento podem ser exploradas para criar uma aparência ou sensação específica. Os estilos podem variar do altamente abstrato, com apenas umas poucas linhas criteriosamente utilizadas para sugerir formas em um espaço 3D, ao detalhado e artístico, com sombreamento complexo.

Acima: Aqui, preenchemos demarcadores com degradês de múltiplos pontos. O preenchimento radial dá à pintura uma impressão de 3D. O degradê linear trabalha de modo similar ao pincel e produz uma simples varredura de luz através da paleta. A forma da paleta foi duplicada, colocada atrás, movida levemente e escurecida para ter profundidade. Objetos de sombra em modo Multiplicação escurecem as cores subjacentes.

TÉCNICAS DE DESENHO

AS CURVAS DE BÉZIER podem ser editadas de maneira ilimitada, mas mover pontos e alças para transformar um objeto inteiro pode ser difícil e muito demorado. Por sua vez, os controles de malhas e distorção podem criar efeitos únicos, manejando gráficos e texto em formas e cores excepcionais. O software vetorial tem a habilidade de redimensionar, girar e retorcer, e isso pode ser feito inserindo-se valores numéricos ou redefinindo-se um retângulo limite, chamado caixa delimitadora.

Malhas e distorção

3

Recentemente incluiu-se a distorção envelope, que permite que os objetos sejam ajustados em um formato irregular. Imagine um envelope como uma folha elástica com o objeto impresso. Ao agarrar uma parte da folha e puxá-la em qualquer direção, distorce-se a superfície e, junto com ela, o objeto. Os usos da distorção envelope são quase ilimitados: pode-se espremer a tipologia em formatos para logotipos, ajustar rótulos em desenhos de embalagens em 3D ou apenas puxar objetos para criar efeitos abstratos únicos.

No software, os envelopes são formados a partir de curvas de Bézier que se cruzam para formar uma grade ou malha flexível. Alguns programas preferem não apresentar esse recurso diretamente para os usuários; em vez disso, disponibilizam uma série de envelopes em formatos predefinidos e que não podem ser muito alterados. O Adobe Illustrator permite o controle direto sobre todos os pontos de uma malha.

O Illustrator também pode, automaticamente, usar malhas para distorcer cores em vez de formas. Uma malha de gradiente assume exatamente a mesma forma de uma distorção envelope, mas permite que cores sejam aplicadas aos pontos, mesclando suavemente as cores adjacentes pela grade. O efeito é único, e um sombreamento extremamente sutil pode ser criado com muito mais rapidez e flexibilidade do que no método convencional de construir muitas mesclagens separadas, obtendo-se um resultado similar ao do método tradicional de ilustração do aerógrafo. Uma alternativa é introduzir mudanças dramáticas de cor para obter efeitos marcantes.

Por outro lado, ainda não foram criadas ferramentas que ajudem a posicionar e colorir pontos na malha de forma a criar efeitos particulares, como bordas contornadas. Em vez disso, fica a cargo do usuário criar o efeito desejado ao acrescentar, mover e colorir pontos. Entretanto, como eles são tratados como pontos Bézier comuns, muitas ferramentas de edição podem ser úteis aqui. Por exemplo, pode-se pressionar Shift + Click para selecionar diversos pontos de uma só vez e, depois, movê-los, redimensioná-los a fim de movimentar o sombreado para dentro ou para fora, ou girá-los para dar um efeito de rotação.

Quando se trata de saída, malhas de gradiente apresentam problemas ainda maiores que a transparência, por não serem compatíveis com nenhuma versão atual do PostScript (a linguagem gráfica criada pela Adobe, empregada pela maioria dos equipamentos do ramo de pré-impressão). Na maior parte dos casos, o caminho mais correto e satisfatório para mudar e imprimir ilustrações que usam efeitos avançados é exportar todo o arquivo como um grande bitmap, habilitando o aplicativo para rasterizar seu próprio código vetorial, em vez

Malha de gradiente

A ferramenta Malha de Gradiente do Adobe Illustrator oferece um único modo de mesclar qualquer quantidade de cores em um objeto.

1. Usado em qualquer forma, o comando Criar Malha de Gradiente acrescenta uma grade de pontos coloridos. Uma cor mais clara pode ser aplicada automaticamente em alguns pontos, para destacar o centro ou as bordas da forma.

2. Uma malha de gradiente é formada por curvas Bézier, e seus pontos e alças podem ser movidos como quaisquer outros. Aqui, os pontos mais próximos das extremidades foram selecionados juntos e redimensionados para 120%.

3. Outro modo de se criar uma malha de gradiente é usar a ferramenta Malha, para posicionar pontos individuais. Independentemente do meio como a malha é criada, a cor aplicada a qualquer ponto é mesclada com as outras a seu redor.

Abaixo: Malhas de gradiente podem ser usadas para construir sombreados complexos e realistas, como se vê nesta ilustração. Cada pétala, folha e o caule consiste em uma única malha contendo várias dezenas de pontos de cores.

FOTO: © 2001 ADOBE SYSTEMS INCORPORATED

de solicitar que outros produtos façam isso. Para manter a qualidade do trabalho vetorial, entretanto, é vital utilizar alta resolução e suavização de serrilhado. Antes de seguir esses passos, verifique se simplesmente exportando seu trabalho como PDF sua impressora consegue imprimir.

As distorções envelope costumam se manter ativas mesmo depois de aplicadas a um objeto; assim, você pode editar o envelope depois ou removê-lo e deixar o objeto intacto. Algumas operações não podem ser feitas em um objeto regido por envelopes; a mais evidente é a aplicação de outro envelope para fazer mais distorções, dando a opção de aplicar permanentemente um envelope à geometria de um objeto. Feito isso, o objeto passa a se constituir de demarcadores comuns, que definem a forma distorcida e podem ser editados sem restrição. Entretanto, não é fácil retornar à forma original.

ILUSTRAÇÃO EM 3D

MODELAGEM E RENDERIZAÇÃO EM 3D

APLICATIVOS 3D

ILUSTRAÇÃO EM 3D

APLICATIVOS 3D

4

QUANDO OS APLICATIVOS BITMAP E OS BASEADOS EM VETOR têm análogos evidentes na tradicional arte em papel, os aplicativos em 3D são totalmente diferentes. Em um aplicativo 3D você constrói modelos inteiramente tridimensionais e os organiza em um ambiente virtual.

Ao acrescentar texturas complexas e efeitos de iluminação, cria-se algo que parece estranhamente realista. Na verdade, no início das imagens em 3D, o realismo era o principal objetivo. Entretanto, não levou muito tempo até os artistas perceberem que os aplicativos 3D também podiam criar ilusões deslumbrantes e imagens de ficção científica, sem falar dos mais exagerados e estilizados efeitos de desenho animado. O processo pode parecer complicado para os ilustradores tradicionais, mas, assim como os aplicativos para desenhos vetoriais, a abordagem baseada em objetos facilita copiar, transformar e reutilizar elementos à vontade, e os resultados reais como uma foto falam por si.

Houve diversas tentativas de modeladores de paisagens, mas poucos programas tiveram a atração imediata do Bryce. Relativamente fácil de usar e com resultado sofisticado, o Bryce pode criar qualquer paisagem que puder imaginar (e muitas que não puder).

Começando com um plano em perspectiva em branco, acrescente água, cordilheiras, pedras individuais e camadas de nuvens para construir a cena. Uma enorme variedade de texturas naturais pode ser aplicada a qualquer objeto, com dezenas de mares, formações rochosas e tipos de terreno para escolher. Você pode até desenhar suas próprias paisagens, utilizando um mapa de altitude em que as áreas brancas são elevadas e as pretas, rebaixadas. Incorporar um laboratório de árvores permite que se desenhem e se construam árvores e arbustos, que podem ser posicionados e redimensionados como quiser. À parte, um laboratório de céu permite torcer, ajustar e modificar formações de nuvens, as posições do sol, da lua e as condições gerais do tempo.

Ao lado: Com o Poser você pode criar uma série de figuras, variando os parâmetros do rosto e do corpo. Aqui, duas versões da mesma figura básica foram montadas no Photoshop, onde os demais elementos foram acrescentados.

O BRYCE encontra-se na categoria mais baixa dos aplicativos de modelagem em 3D, mas é uma excelente ferramenta para criar fundos e paisagens artificiais. Ele permite criar panoramas detalhados a partir do zero, posicionando formas simples ou objetos na cena e combinando-os com texturas.

Bryce

O Bryce não tem ferramentas próprias para modelagem em 3D, mas, ao combinar objetos primitivos que estiver usando como blocos de construção – esferas, cubos, cilindros, etc. –, é possível compor sua paisagem com prédios, artefatos científicos fantásticos e espaçonaves alienígenas. A interface lembra bastante o Poser (ver pp. 138-139), o que não é de surpreender, uma vez que tiveram a mesma origem. Ainda que

ILUSTRAÇÃO EM 3D

Abaixo: Imagens finalizadas podem ser renderizadas em qualquer tamanho. Quanto maiores forem, mais detalhes serão visíveis.

ele pareça um pouco confuso no princípio, os controles são fáceis de dominar e as ferramentas, intuitivas.

No Bryce, os objetos (inclusive os terrenos) aparecem como modelos em linhas (wireframe). Vendo-os de diferentes ângulos, é possível alinhá-los com precisão uns com os outros. O recurso Visualizar no canto superior esquerdo da tela mostra a cena texturizada do tamanho de um selo;

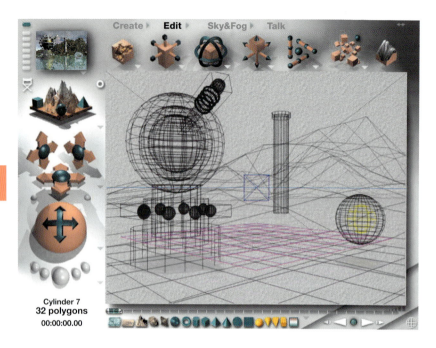

Acima: Na tela de trabalho do modelo em linha (wireframe) você visualiza onde está cada objeto, mas cenas complexas rapidamente se transformam em um emaranhado de linhas.

assim, pode-se ver de que modo efeitos como o céu e a iluminação alteram a imagem.

Entretanto, renderizar a imagem finalizada é um processo longo, que pode levar várias horas no caso de arquivos grandes. Isso se deve à complexidade do processamento e não a uma deficiência do software – quando transparências complexas e objetos espelhados são refletidos em água cintilante, afeta-se o mecanismo de renderização.

O Bryce é amplamente utilizado para criar fundos para ilustrações, e funciona bem quando combinado com objetos do Poser ou de outro aplicativo 3D. A capacidade de inserir animação às cenas significa que você pode desenhar uma câmera para voar através de sua paisagem artificial, produzindo filmes com sofisticação por vezes surpreendente. Entretanto, como o tempo de renderização pode levar minutos (ou mesmo horas) a cada quadro, será preciso muito tempo para obter o máximo desse recurso.

Acima: A visualização renderizada mostra todos os objetos com a textura aplicada. Mesmo uma renderização de baixa resolução como esta pode levar vinte minutos, ou mais, para ser feita.

O POSER é um modelador de figuras humanas, capaz de produzir imagens de pessoas com uma qualidade difícil de diferenciar da realidade. Os modelos podem ser colocados em qualquer pose, e as posições dos membros do corpo estão de acordo com seu real movimento. Esticar um braço para frente, por exemplo, fará o corpo pender à frente para acompanhar o movimento.

Poser

O Poser oferece uma ampla gama de parâmetros para controlar cada aspecto da fisionomia de uma figura. Os modelos que vêm com o programa são bastante simples, mas outros softwares (notadamente o DAZ 3D, que criou os modelos originais) vendem uma série de figuras adicionais, que conferem realismo e flexibilidade. O corpo pode variar de magro para gordo, de magricela para musculoso, e os membros individuais podem ser ajustados para qualquer posição.

Como é de se esperar, a cabeça merece mais atenção. É possível criar virtualmente qualquer expressão imaginável, mudando a posição dos olhos, boca, nariz, sobrancelhas, etc. Você também pode desenhar todo tipo de cabeça que quiser – da mais realística à alienígena –, ajustando as dezenas de controles que determinam cada tamanho, posição e forma de cada elemento da face. O modelo Michael 2 do DAZ 3D, por exemplo, tem 230 controles (incluindo quinze formatos de olhos, oito modificadores de sobrancelhas e doze de dentes) e cerca de 350 controles individuais para ajustar o formato do corpo.

Os modelos do Poser podem ser vistos como modelos em linhas (wireframes), modelos em 3D sólidos ou pessoas "com pele". Quando são encontrados a pose e o formato do corpo desejados, a renderização final da imagem usará uma combinação de textura, reflexão, transparência e mapas para enchimento, a fim de acrescentar tonalidades realísticas de pele a figuras que podem ser criadas em qualquer tamanho.

As figuras podem ser compostas com fundos ou outros elementos em programa de edição em bitmap como o Photoshop. Também é possível criar trabalhos artísticos finalizados diretamente no Poser, tanto inserindo segundo plano como adicionando adereços, paisagens e configurações de ambiente.

Um dos pontos fortes do Poser é a habilidade de gerar animações. Um Walk Designer personalizado faz com que as figuras andem de todas as maneiras sobre o demarcador desenhado. Bocas podem ser posicionadas para sincronizar com uma fala

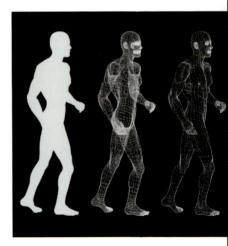

gravada, assumindo um dos vários tipos de formato de acordo com o fonema, em pontos relevantes. Ao acrescentar piscadelas ocasionais e fazer o tórax expandir e contrair ao longo do tempo para simular respiração, é possível criar animações convincentes de personagens, que você pode produzir como filmes ou compor com outros elementos em aplicativos de edição de vídeo, como o Adobe Premiere ou o Final Cut Pro da Apple.

Entretanto, figuras renderizadas no Poser raramente são perfeitas, e a maioria do trabalho artístico precisa ser aperfeiçoada no Photoshop para amenizar bordas nítidas nas linhas do corpo e corrigir quaisquer falhas nas articulações, por exemplo.

Os exemplos abaixo (da mulher) trazem uma imagem renderizada antes de ser limpa, para mostrar os possíveis tipos de erros.

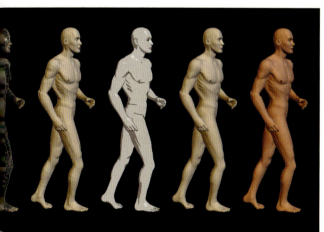

Acima: Comece posicionando sua figura do modo como quer que apareça, tomando cuidado para não flexionar demais nenhum membro, pois pode causar distorção. Ao mesmo tempo, podem-se incluir adereços. É possível, então, acrescentar cabelo e escolher vários tipos de roupas para completar o modelo.

À esquerda: O Poser pode gerar figuras em vários estilos de modelagem. Aqui são mostrados, da esquerda para a direita: contorno, modelo em linhas, modelo em linhas ocultas, modelo em linhas sombreadas, sólido sombreado, esboço, textura e renderização completa.

APLICATIVOS 3D

ILUSTRAÇÃO EM 3D

4

MODELAGEM E RENDERIZAÇÃO EM 3D

PARA TRABALHAR em um âmbito maior que o dos aplicativos mencionados, você vai precisar de um pacote 3D completo. Ilustradores digitais não precisam de soluções de ponta, projetadas para animações avançadas e efeitos, complicadas demais para artistas de desenho estático. Com um pacote de programas de propósito geral barato, você pode acrescentar ferramentas e providenciar recursos extras.

A maioria pode trocar dados em 3D, e combinar uma série de aplicativos e plug-ins sempre é melhor do que utilizar um único pacote, não importa quão avançado seja. Mas escolha com cuidado. Confira se o fabricante disponibiliza atualizações com regularidade e se permite que você atualize uma versão mais avançada quando disponível. Procure por um fórum de discussão, no qual usuários trocam dicas e incentivam o aperfeiçoamento do produto. Os plug-ins só são úteis se forem amplamente disponíveis em formato compatível – um número considerável de plug-ins de terceiros, como os de empresas pequenas e amadores, são um bom indicador.

As três áreas básicas funcionais são modelagem, renderização e animação. É preferível que um programa ofereça mais que um tipo de geometria para modelagem. Idealmente, polígonos, Non Uniform Rational B-Splines (NURBS) e subdivisão de superfícies devem estar presentes, mas dois desses são aceitáveis. A maioria dos pacotes 3D profissionais suporta animações, mas, se você pretende explorar isso, evite os que têm recursos limitados de animação. As capacidades de renderização variam muito, assim como a velocidade; tenha em mente que o tempo de espera pode ser medido em horas. Alguns programas permitem que você utilize, separadamente, renderizadores terceirizados: o Autodesk 3ds Max tem, pelo menos, quatro plug-ins renderizadores.

Pacotes profissionais com os recursos de que você pode precisar incluem Newtek LightWave 3D, Maxon Cinema 4D, Autodesk Softimage, Electric Image Animation System e o form•Z do AutoDesSys. Há programas competentes de preços mais baixos, como Strata 3D, Pixels3D, Caligari trueSpace e Cheetah3D. Entre os mais caros estão o Maya e o 3ds Max da Autodesk.

LightWave 3D e Cinema 4D são ideais para ilustradores. Ambos oferecem excelente capacidade de modelagem e renderização muito rápida e de alta qualidade. LightWave tem uma enorme comunidade de usuários interessados, e um vasto banco de plug-ins grátis (freeware) ou para experimentação (shareware). Ele tam-

Ao lado: o estilo de Daniel Mackie lembra o de Ralph Steadman e Francis Bacon. É surpreendente ver uma abordagem tão visceral explorada em uma modelagem 3D, mas a combinação de superfícies brilhantes, de características exageradas de desenho animado e do movimento brusco borrado ajuda essa imagem a passar a impressão de estar dando um soco.
DANIEL MACKIE
WWW.DANIEL MACKIE.CO.UK

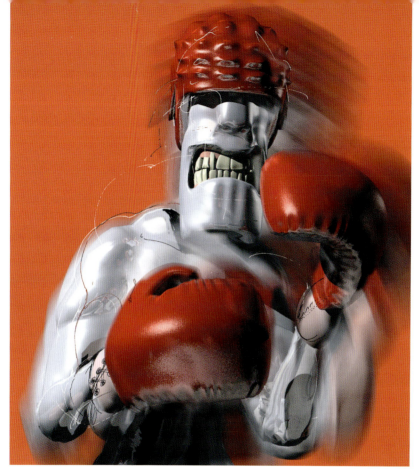

bém suporta renderização HDRI e tem uma interface engenhosa. O Cinema 4D tem uma interface flexível e é adaptado para renderizar imagens muito grandes, apresenta um cronograma de desenvolvimento bastante rápido e conta com uma versão editada para artistas gráficos, o Cinema 4D Art.

Mesmo que os aplicativos 3D sejam extremamente exigentes, quase todo Mac ou PC atual que esteja acima do processador mais básico é capaz de lidar com eles. A memória é vital – 1GB de RAM é o mínimo, 4 GB seria melhor –, e é preciso um disco rígido grande. Caso contrário, o componente mais importante é a placa gráfica, que precisa ser OpenGL acelerado. Mais uma vez, as especificações mudam rapidamente; por isso, é bom checar antes da compra e encontrar uma placa gráfica respeitável, próxima da melhor.

MODELAGEM EM 3D é o processo de contrição do objeto que mais tarde você vai renderizar para obter a imagem finalizada. Todos os programas 3D têm um sistema de coordenadas mundial, que inicia em 0,0,0 – o "centro do mundo" – e se afasta desse ponto em todas as direções. Os três eixos perpendiculares são chamados x, y e z, e com eles você pode definir qualquer locação, ou ponto, no espaço.

Modelagem em 3D

Tudo em modelagem 3D é construído sobre essa base. Conecte três pontos para formar um triângulo e você tem um polígono (ou face). Junte uma série de faces e você pode criar qualquer objeto. Na prática, você não tem mais de construir cada ponto ou face do objeto, pois existem ferramentas sofisticadas que permitem que se trabalhe com muito mais eficiência.

A face, ou "poli", é um tipo de geometria em 3D, mas existem outros. Curvas podem ser criadas como nos programas de desenho em 2D e usadas como ponto de partida para objetos mais complexos. Para criar um tubo em forma de S, por exemplo, desenhe primeiro um demarcador, posicionando pontos do modo como já conhecemos. Em seguida, desenhe a seção transversal – nesse caso, um círculo simples. Por fim, expanda o perfil ao longo do demarcador para criar um tubo 3D. Esse processo chama-se varredura. A superfície criada pode ser poligonal ou, dependendo do software utilizado, formada por Béziers ou Non Uniform Rational B-Splines (NURBS).

Béziers e NURBS são tipos especiais de geometria cuja superfície é definida por equações matemáticas. Os primeiros são conhecidos pelos softwares de ilustração em 2D. Os objetos criados utilizando-se essas

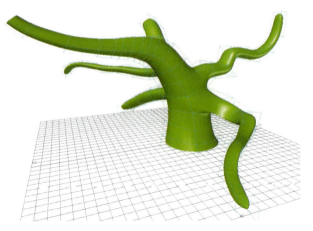

À esquerda: Superfícies subdivididas combinam, por resolução do tipo NURBS, polígonos com superfícies independentes e são ideais para criar formas orgânicas. A estrutura externa, que tem poucos pontos e faces, controla por baixo a superfície lisa interna. Como há menos pontos na estrutura, ela é fácil de editar para que se altere, por baixo, o formato da superfície.

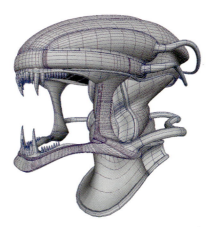 

geometrias continuam tendo pontos, mas, ao contrário dos objetos poligonais, não têm face. Portanto, as superfícies são contínuas em vez de facetadas, tornando-as particularmente úteis para objetos orgânicos, em que as curvas fechadas precisam permanecer suaves e fluidas. Quando se trata de renderizar uma superfície, entretanto, o software 3D precisa congelar o objeto em uma malha poligonal para que seja sombreado. A vantagem é que a densidade da malha gerada – isto é, a quantidade de polígonos requerida para construí-la – tem de ser controlada com precisão para que o objeto pareça liso a qualquer distância, diferentemente dos modelos poligonais tradicionais. NURBS e Béziers, portanto, independem da resolução.

Os programas 3D também vêm com um estoque de primitivos. Trata-se de objetos 3D prontos que você pode incluir em sua cena e montar como formas mais complexas. Por exemplo, para fazer uma mesa é preciso, primeiro, criar cinco cubos. Quatro são esticados ao longo do eixo y para formar as pernas, e o quinto é esticado ao longo do eixo x e do eixo z para formar o topo.

Os de procedimento são uma classe especial de objetos primitivos. Com efeito, são pequenos

Acima: Superfícies NURBS se adaptam melhor à modelagem orgânica e personagens. Modelos, como essa cabeça de alienígena, podem ser criados juntando várias superfícies NURBS. Ao contrário de outros tipos de geometria 3D, você pode criar mesclagens e faixas entre as superfícies NURBS para fazer junções lisas e sem emendas.

O modelo (à esquerda) é exibido com um modelo em linhas isoparamétrico sobreposto, permitindo que você veja a estrutura. O NURBS tem resolução independente; por isso, quando renderizado (à direita), não há extremidades facetadas visíveis, mesmo quando visto de perto, o que seria inevitável no caso de objetos poligonais.

programas que geram objetos 3D. Objetos de procedimento costumam ter controles que podem ser acessados para alterar parâmetros como raio, arredondamento das bordas ou resolução poligonal.

Um tipo de geometria final comum é a subdivisão da superfície. Ela combina a natureza poligonal dos polígonos com a independência de resolução do NURBS. Você pode usar a maioria das ferramentas de polígono padrão, mas não tem de se preocupar com que os objetos apareçam facetados. Superfícies subdivididas podem ser utilizadas para criar todo tipo de objeto, mas tendem a se adequar a objetos orgânicos, como personagens.

A ILUMINAÇÃO em 3D é mais ou menos a mesma usada em filmes ou fotografia. Entretanto, um computador permite que você manipule qualquer forma de luz (como a do sol) do jeito que quiser. Como na vida real, uma cena sem iluminação pode ficar invisível quando renderizada. Em sua cena, você pode colocar quatro tipos principais de luz: refletores, de ponto, distantes (ou paralelas) e ambiente.

Iluminação

Para lançar um cone de luz sobre um objeto como um palco, usa-se um refletor. Refletores são muito práticos, pois sua luz pode ser focada em uma área particular. Luzes de pontos são boas para simular lâmpadas, fogueiras ou qualquer outro tipo de luz que é lançada de um local e se dispersa em várias direções.

Para um ambiente exterior, entretanto, talvez você prefira o efeito da luz natural do sol. Para isso, uma luz distante é mais apropriada, pois funciona como uma fonte de luz longe do objeto. A luz ambiente não tem local ou direção, mas ilumina por igual todas as partes de uma cena em 3D. Você utiliza a luz ambiente para diminuir o contraste de áreas de sombra dura e escura, por exemplo. Muitos artistas 3D preferem não utilizá-la; em vez disso, iluminam o ambiente de modo artificial, usando um ou mais tipos de luzes diferentes.

Há outra forma de iluminar, chamada luz de área. É similar a uma luz de ponto, exceto devido à fonte de luz se espalhar sobre uma área, normalmente por um quadrado ou disco. Você pode utilizar luzes de área para simular um difusor de luz fotográfico ou uma janela aberta.

Além da forma como iluminam objetos, os vários tipos de luz também podem formar sombras de modos específicos. Luzes distantes e refletores formam sombras bastante distintas, pois seus raios viajam de formas diferentes (radialmente no caso de luz de ponto e paralelamente no caso de uma luz

Iluminação de estúdio

Ao lado, topo: é fácil instalar uma iluminação de três pontos e imitar a disposição de luzes usada em fotografia. A cena traz um personagem simples em 3D que precisa ser iluminado. Inicie acrescentando um foco simples (mostrado como um cone branco no modelo em linhas, wireframe), que será a luz principal. Note que grande parte de uma das laterais permanece escura.

Ao lado, centro: Uma luz de preenchimento é acrescentada (mostrada aqui como um cone preto) para preencher a área na sombra. Importante: ela não é tão brilhante quanto a luz principal, mas possui cerca de 40% de sua luminosidade. O preenchimento é posicionado no lado oposto da câmera em direção à chave. Resta ainda um problema: o corpo negro não se destaca do fundo.

Ao lado, embaixo: Para consertar isso, entra em jogo a terceira luz. Duas luzes brilhantes de contorno (também conhecidas como luz de fundo ou contraluz) são postas atrás do objeto (marcadas em branco, à esquerda e abaixo) e posicionadas de tal forma que, na visão da câmera (marcada em verde), elas destacam o objeto, fazendo-o saltar do fundo escuro.

distante). Esses dois tipos de luz também utilizam um processo chamado traçado de raios (raytracing) (ver p. 152) para permitir que as sombras levem em conta a transparência das superfícies. Sombras de traçado de raios geralmente têm bordas espessas e podem parecer falsas.

Sombras de traçado de raios com bordas mais sutis, como as lançadas por luzes de área, podem ser renderizadas, mas são caras do ponto de vista da

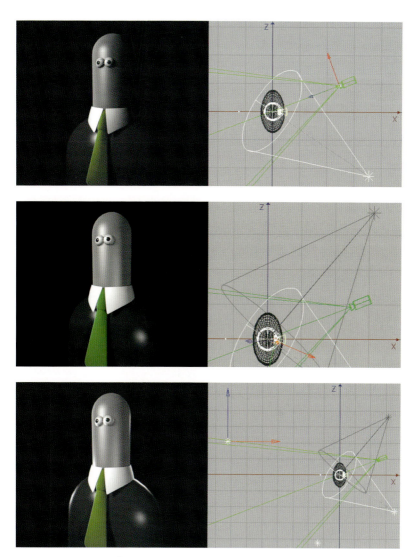

MODELAGEM E RENDERIZAÇÃO EM 3D

Iluminação

computação, o que, em termos práticos, significa que pode levar muito tempo para serem renderizadas.

Refletores também podem ter traçado de raios e utilizar mapas de profundidades. Estes renderizam com rapidez, dependendo da memória disponível no computador. As bordas das sombras dos mapas de profundidade podem ser embaçadas de várias formas para criar suaves sombras realistas – não tão realistas como as sombras da área, mas em geral convincentes. Por outro lado, as sombras dos mapas de profundidade não costumam levar em consideração a transparência da superfície, apesar de o Cinema 4D XL poder excluí-la.

Um bom modo de começar a iluminação em 3D é utilizar a tradicional configuração de dois pontos usadas pelos fotógrafos. Um refletor é utilizado como luz principal (ou luz-chave) enquanto um segundo, um ponto de luz ou uma luz difusa preenchem as sombras. Isso se chama preenchimento, e costuma se posicionar no lado oposto à luz-chave. Então, se a luz principal está acima e à direita, o preenchimento estará à esquerda, nivelado com o objeto ou levemente abaixo. Em geral, o preenchimento é posicionado atrás, distante da luz principal.

Um equipamento de iluminação de três pontos acrescenta uma terceira luz de fundo, às vezes chamada de luz de contorno ou contraluz. Esta é posicionada atrás do objeto e também acima, abaixo ou ao lado para iluminar apenas o contorno. A luz de contorno é útil para destacar um objeto do fundo.

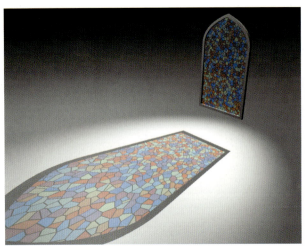

Esquerda: utilizando sombras (duras) de traçado de raios, você pode tirar vantagem da habilidade de criar efeitos como esta janela colorida transparente. Esse exemplo simples não pretende ser realístico – a sombra é muito recortada –, mas demonstra um truque útil para gerar padrões de luz para ilustrações.

Ainda que sua iluminação básica possa se assemelhar a um equipamento do mundo real, não seria apropriado confiar inteiramente em uma simulação de luz para renderizar uma cena. Um truque útil da iluminação virtual é que a luz pode ser ajustada para valores negativos. Isso retira a iluminação de uma cena onde quer que ela "brilhe". Iluminações negativas são boas para espalhar a luz incidente e escurecer áreas de uma cena que parecem iluminadas demais.

À esquerda: A luz ambiente ilumina todas as partes da cena de maneira uniforme, sem localização ou direção. Ela tende a iluminar as áreas de sombra da cena, reduzindo o contraste geral. Aqui, 30% da iluminação ambiente são usados com um refletor comum.

À direita: Os principais tipos de luz (em sentido horário a partir da esquerda) são foco, de ponto, distante e de área. Note a diferença da iluminação sobre o chão, e a forma e a qualidade da borda da sombra projetada. Em cada caso, as qualidades precisas da luz são resultado direto de suas propriedades: localização, direção e tamanho.

MODELAGEM E RENDERIZAÇÃO EM 3D

TEXTURIZAÇÃO Aplicar texturas é uma técnica vital para construir modelos com aparência natural e mais parecidos com os objetos que pretendem representar. Para os iniciantes, é também um dos aspectos mais complicados da ilustração em 3D.

Texturização

Os programas 3D o habilitam a usar um bitmap (uma foto ou imagem pintada a partir de um esboço) para criar detalhes na superfície de um objeto. O bitmap é envolto no objeto, usando uma projeção. Pode-se pensar em curvar uma imagem plana no espaço, envolver o objeto e, então, lançar uma luz para seu interior a partir da superfície. Onde a luz incide no objeto, a textura aparece. Isso se chama projeção mapeada ou apenas mapeamento (mapping), e pode ser utilizado com arquivos ou sequências de filmes e com imagens estáticas.

A forma da projeção pode variar. Por exemplo, para mapear uma superfície plana pode ser usada uma projeção plana paralela à superfície do objeto. Para mapear uma esfera, utiliza-se uma projeção esférica. Entretanto, a forma da projeção independe da do objeto.

A utilidade mais evidente para um mapa de textura é providenciar cor e padrão, mas os mapas também podem controlar outras propriedades da superfície, como brilho, transparência e relevo. Aqui, a textura é criada em tons de cinza: as par-

Abaixo: Mapear texturas para os objetos requer o uso de projeções. Aqui, temos algumas projeções padrão usadas em 3D, aplicadas a objetos com formatos similares. Da esquerda para a direita: forma esférica, cúbica, cilíndrica e plana. É claro que, na prática, raramente você terá de mapear objetos tão simples.

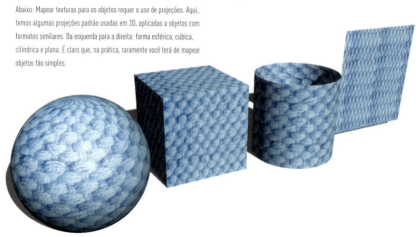

tes mais brancas permitem que as características originais da superfície transpareçam, enquanto as partes mais escuras as encobrem. Por exemplo, ao colocar um rótulo em uma garrafa, primeiro cria-se um mapa de imagem de um quadrado preto em um fundo branco, aplicando-o através de uma projeção cilíndrica para a característica transparente da garrafa. Onde o mapa de textura for branco, o vidro será transparente; onde for preto, será opaco, formando o rótulo. Uma imagem separada em RGB pode ser então aplicada ao rótulo para acrescentar a mensagem impressa.

Para ajudar a manter esses mapas juntos, os programas 3D utilizam um conceito de um material que contém todas as configurações que caracterizam a superfície e os mapas para um certo tipo de superfície. Em geral, o material é independente do objeto em que é aplicado, bem como a projeção utilizada; por isso, pode facilmente ser aplicado a qualquer objeto ou cena.

O truque para se criar um objeto em 3D é saber onde termina a modelagem e começa a texturização. É surpreendente como os detalhes são necessários à geometria e quanto disso pode ser fornecido pelas texturas.

Mapas de relevo assumem o trabalho assim que a geometria sai de cena. Um mapa de relevo é uma imagem em tons de cinza cujos valores de brilho criam perturbações virtuais na superfície de um objeto. (Um efeito similar pode ser utilizado em um software 2D – ver p. 56). No mapa, o branco é representado por uma saliência; o preto, um afundamento. Essas superfícies salientes só alteram o sombreamento do objeto, não a geometria; por isso, as luzes não vão destacar ainda mais os pontos mais altos nem sombrear os mais baixos. Mas os detalhes em um mapa de relevo podem ser infinitamente mais refinados que a geometria do modelo. O único limite é a quantidade de resolução do mapa e quão perto a câmera pode chegar da superfície.

A típica utilidade de um mapa de relevo é renderizar a pele humana. Não é preciso modelar cada dobrinha ou poro, pois todos esses detalhes podem ser criados utilizando-se esses mapas.

Abaixo: Escolher a projeção correta para um objeto costuma ser um compromisso. Para exemplificar, uma esfera foi mapeada utilizando cada uma das quatro projeções. Algumas ficam muito melhor que outras: repare como a textura plana mancha as bordas da esfera.

Texturização

Modelagem com mapas de deslocamento

À direita: é possível criar, por deslocamento, um modelo completo, evitando geometrias demoradas. Aqui está uma imagem que queremos converter em um modelo 3D. O fundo é 50% cinza, indicando não haver deslocamento. A imagem é branca (por isso vai se destacar na superfície), e levemente borrada nas bordas.

À direita: Em um programa 3D (no caso, o Maya), cria-se um NURBS plano. Atribui-se um material ao objeto e a imagem é carregada e aplicada como um mapa de deslocamento. Um teste de renderização mostra que ocorre deslocamento, mas a resolução do objeto NURBS não é suficiente para criar o detalhamento necessário.

150 ILUSTRAÇÃO EM 3D

Mapas de deslocamento são parecidos com os mapas de relevo, mas eles mudam a figura geométrica à qual são aplicados. Como tal, os deslocamentos dependem de que a geometria do objeto seja boa o bastante para recriar os detalhes no mapa. Isso é complicado para os modelos poligonais, mas ideal para os NURBS, uma vez que a superfície pode ser criada durante a renderização com a resolução que você quiser. Uma técnica inteligente é utilizar animações ou arquivos de filmes como mapas de deslocamento para criar efeitos como ondulação na água.

À esquerda: No Maya, pode-se ir além e converter em um objeto poligonal o que vai ser renderizado. O deslocamento é visto aqui geometricamente, e você pode continuar moldando o objeto como de costume. Dessa forma, é possível construir uma figura acabada e realística sem usar a modelagem propriamente dita.

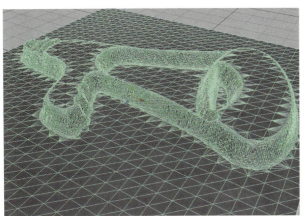

À esquerda: O mosaico na superfície NURBS é ampliado e, então, subdividido várias vezes em pequenos triângulos antes que a superfície seja deslocada. O resultado é que o bitmap é representado com precisão na geometria deslocada. Note que, por se tratar de um deslocamento real da superfície, ele lança sombras.

MODELAGEM E RENDERIZAÇÃO EM 3D

RENDERIZAÇÃO é o processo de criação de uma imagem em 2D ou animação de dados em 3D. Não importa se é uma esfera simples ou uma cidade inteira, um personagem humano ou uma montagem de formas abstratas. O programa utiliza um processo denominado sombreamento para preencher as superfícies com cores, levando em consideração a iluminação da cena e as texturas aplicadas.

Renderização

Para fazê-la, o aplicativo precisa de um ponto de vista a partir da qual ele deve renderizar. Isso é providenciado por uma câmera, que você posiciona na cena e ajusta seu campo de visão (zoom) como quiser. A câmera também é utilizada para visualizar a cena em 3D durante a modelagem e a configuração. Existem outros tipos de visualização, em especial as três visões ortográficas e paralelas que veem de cima os três eixos universais. Você pode posicionar diversas câmeras e variar entre elas. Ao renderizar, as câmeras e os personagens podem ser movidos ao longo do tempo para gerar um filme.

Devido ao tempo necessário para alcançar uma renderização de alta qualidade, são usadas várias opções para visualização. Em geral, acelera-se a exibição renderizada usando-se OpenGL, um conjunto padronizado de comandos gráficos tanto para software 3D como para placas de vídeo, que permite que elas processem a exibição de forma eficiente. Os objetos podem ser vistos totalmente sombreados, de acordo com texturas e iluminação. Mesmo efeitos como reflexos, neblina, profundidade de campo e movimento borrado podem ser exibidos rapidamente. Entretanto, OpenGL não é um processo de renderização com qualidade final.

Se os outros aspectos (textura, por exemplo) foram ajustados corretamente, a qualidade final da imagem vai depender da renderização. Se você renderizar cada pixel da cena no tamanho necessário, as bordas ficarão serrilhadas ou chanfradas. Para melhorar esse efeito, o software utiliza suavização de serrilhado, que aumenta o tempo de renderização, mas produz imagens melhores. A maioria dos programas 3D oferece suavização de serrilhado adaptável que, com base no limite estabelecido por você, suaviza apenas os pixels necessários e acelera a renderização. Alguns programas, como o 3ds Max e o Cinema 4D XL oferecem uma opção de algoritmos antisserrilhados.

O traçado de raios é uma técnica que pode ser combinada com sombreamento para criar efeitos como reflexão, refração e sombras transparentes. Ele introduz raios de luz imaginários na cena, traçando seus demarcadores conforme atingem os objetos.

Graças aos avanços dos softwares e da potência dos computadores, atualmente há mais técnicas que levam em consideração os efeitos de iluminação – em especial, o modo como a luz é refletida entre os objetos. A iluminação global e a renderização com radiosidade produzem imagens muito realísticas, com vivacidade e atmosfera naturais.

A iluminação global permite que você ilumine a cena por inteiro e use uma imagem para iluminá-la. Um HDRI (High Dynamic Range Imagery – imagens de grande alcance dinâmico) especial em bitmap circunda a cena e as porções mais brilhantes funcionam como fontes de luz, lançando luz e cores sobre os objetos, para que você recrie com realismo impressionante a iluminação de qualquer lugar real. Criar imagens HDRI é um processo bastante envolvente, mas exemplos prontos estão disponíveis de graça on-line. LightWave 3D é atualmente o único aplicativo 3D que suporta diretamente a renderização de HDRI, enquanto a maior parte dos outros oferece radiosidade e iluminação global.

À esquerda: Imagens HDRI armazenam valores de pontos flutuantes brilhantes que podem ser muito maiores que os tradicionais arquivos coloridos de 24 bit. Quando essa imagem é utilizada em um programa em 3D como fonte de iluminação renderizada e com radiosidade, os resultados são altamente reais, uma vez que a iluminação da cena imita a luz no momento em que a imagem HDRI foi capturada. A imagem de uma floresta vista através de um "olho mágico" (detalhe) foi utilizada no LightWave 3D como ambiente de fundo esférico para renderizar a chaleira.

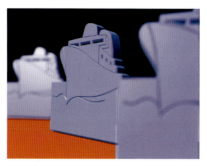

À direita: A renderização da profundidade de campo (DOF) simula a profundidade rasa que lentes reais de grande abertura e sistemas de câmeras podem atingir. Algumas partes da imagem estão embaçadas, enquanto outras, dependendo da distância do objeto, estão no foco. Você tem controle total sobre a gradação do efeito, e os resultados podem ser bastante fotográficos.

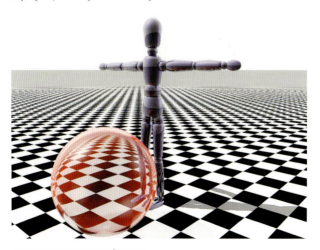

À esquerda: O traçado de luz leva mais tempo para ser feito que outros métodos de sombreamento, mas pode simular efeitos naturais como reflexões e refrações. Traçando o demarcador de milhões de raios de luz através da cena, o renderizador pode recriar com precisão esse fenômeno, impossível de ser representado com exatidão de outro modo.

MODELAGEM E RENDERIZAÇÃO EM 3D

ALIAR UM PROGRAMA de edição de imagem 2D, como o Adobe Photoshop, a um pacote 3D permite que você extraia o melhor dos dois universos. Renderizadores individuais podem ser introduzidos no Photoshop para fazer ajustes finais em todos os níveis e no balanço de cor da cena, ou para suavizar pequenas falhas de renderização. Tendo renderizado separadamente uma série de objetos 3D, você pode compô-los em uma ilustração.

3D em 2D

É importante planejar esse tipo de trabalho antes de renderizar, certificando-se de renderizar um canal alfa para que cada elemento 3D seja separado do fundo. A maioria dos programas 3D pode ser salva em formato bitmap, como TIF ou como um canal alfa embutido. Este também pode ser salvo em um arquivo separado e reaplicado no Photoshop.

Se existir mais do que um objeto na cena, o software 3D vai precisar saber o que incluir no canal alfa. Por exemplo, se você renderizou uma esfera em repouso sobre um chão plano infinito vista de cima, talvez você espere que o canal alfa mostre um disco circundando a esfera, mas na verdade ela será completamente branca. Uma solução óbvia é excluir o chão antes de renderizar. Entretanto, em muitos casos você pode querer incluir objetos de fundo na renderização, embora não no canal alfa, e renderizar um por um consumiria um tempo desnecessário. Para contornar essa situação, muitos programas 3D permitem que você defina se cada objeto deve aparecer no canal alfa. Fazer pleno uso dos recursos disponíveis é essencial para um desempenho avançado em 3D, uma vez que o tempo de renderização é grande parte de sua eficiência.

É mais rápido alterar algo em 2D do que em 3D. Se o cliente decide que a cor de um logotipo em uma cena precisa mudar de azul para vermelho, você pode alterar em 3D e renderizar de novo. Mas é muito mais rápido fazer no Photoshop, utilizando a imagem já renderizada. É claro que, se o cliente quer uma sequência de ilustrações mostrando a cena de ângulos diferentes e você ainda não renderizou os outros, pode ser mais rápido fazer a alteração em 3D do que colorir de novo todos os logos no Photoshop. Entretanto, na maioria das vezes será mais rápido alterar alguma coisa após a ren-

À esquerda: Esse objeto 3D foi renderizado e salvo como TIFF. Agora temos duas camadas, cada uma com uma máscara criada a partir de um canal alfa relevante gerado por um programa 3D. A máscara da estrela corresponde ao seu próprio canal alfa; assim, são vistas apenas partes que não cobrem a estrela.

Detalhe: Um elemento mascarado posicionado sobre uma cor diferente da do fundo em que foi renderizado terá uma linha escura ou clara ao seu redor. O suavizador de serrilhado aplicado às bordas durante a renderização combina as cores do objeto com os pixels do fundo. Para evitar isso, basta ajustar o fundo para a mesma cor no programa 3D.

À esquerda e abaixo à esquerda: Ao compor efeitos volumétricos, como uma luz brilhando através de poeira ou fumaça, uma boa opção é o Straight Alpha. Em vez de aplicar esses efeitos no próprio fundo durante a renderização, o software posiciona no canal alfa apenas os dados da transparência, que cria o efeito. Ao compor no Photoshop, você pode utilizá-los para aplicar o efeito volumétrico sobre qualquer fundo.

derização. Muitos programas 3D atualmente fazem pós-processamento de renderizações com mais facilidade, oferecendo a renderização em etapas.

Com a renderização em etapas, os diferentes componentes de uma imagem são salvos como arquivos individuais ou como camadas em um arquivo Photoshop PSD. Entende-se por componentes materiais diferentes e informações de iluminação, e não objetos separados. Assim, os destaques sozinhos formarão uma camada, a cor comporá outra, sombreamento difuso uma terceira, sombras em outra e assim por diante. A grande vantagem é que isso não leva muito mais tempo, uma vez que o próprio software calcula todos esses buffers separadamente.

Equipado com um renderizador de múltiplas camadas, você pode selecionar apenas os destaques no Photoshop e utilizar Níveis para iluminá-los, ou duplicar a camada e desfocá-la para obter efeitos chamativos. Você tem controle similar sobre todas as outras propriedades, incluindo reflexões, luminância e, às vezes, até mesmo radiosidade. Além disso, no Cinema 4D XL você pode salvar cada acréscimo do difusor de luz, especular e sombra como camadas distintas (pastas organizadas de camadas que permitem que você ajuste a iluminação mesmo após a renderização final).

ANIMAÇÃO

ANIMAÇÃO DIGITAL

5

ANIMAÇÃO DIGITAL

POR TRADIÇÃO, quando a animação é um processo dolorosamente lento – movimentar cada elemento quadro a quadro –, a solução digital remove grande parte do trabalho pesado e permite que o animador se concentre nos aspectos mais criativos.

Apesar de o processo de movimentação quadro a quadro ser, em grande parte, automatizado pelo programa, a animação digital ainda pode requer atenção meticulosa aos detalhes. O programa pode executar as tarefas mais repetitivas, mas os artistas precisam acompanhar dezenas de objetos individuais ou camadas que formam uma cena.

Todos os programas de animação utilizam um sistema de linha do tempo, um gráfico que mostra os quadros individuais ou de segundo em segundo ao longo do eixo horizontal, com uma lista dos elementos de animação no eixo vertical. Com frequência, um componente terá diversos atributos como tamanho, rotação e cor, que podem ser ajustados individualmente.

Os elementos da animação – sejam objetos 3D, fotomontagens ou imagens desenhadas – são posicionados em quadros-chave especificados pelo usuário na linha do tempo. Os programas utilizam um sistema chamado interpolação para posicionar os objetos a cada quadro entre dois quadros-chave: se uma figura está com o braço ao lado do corpo no primeiro quadro e o ergueu acima da cabeça no quadro 30, o computador trabalha a posição do braço em cada quadro intermediário. Efeitos desfocados dão uma melhor impressão de ação, evitando que o movimento pareça falso.

Animações para filmes e TV são comumente geradas em 24 ou 25 quadros por segundo, mas websites em geral usam uma cadência muito menor – cada quadro em uma animação é uma imagem separada, e para exibição na internet uma cadência muito alta resultaria em arquivos grandes demais para serem baixados com facilidade. Uma vez que a maioria das animações para website são processadas "por partes", quando os filmes começam a ser exibidos antes de ter sido completamente baixados, é importante certificar-se de que o download seja sempre mais veloz do que a reprodução do filme, evitando interrupções e reinícios.

Apesar de você especificar uma cadência para cada animação, não é preciso mantê-la na saída. Um teste de renderização de um filme feito com metade (ou menos) da taxa normal de quadros resultará em uma renderização muito mais rápida e que, ainda assim, mostrará como está ficando a animação – mesmo que essa pré-visualização ainda pareça um tanto irregular.

Ao lado: Kaya é um projeto premiado, de Alceu Baptistão (diretor fundador da empresa de produção Vetor Zero) pela animação de uma face humana que parece natural e "viva". Em vez de empregar ferramentas próprias para a modelagem facial, as funções padrão de Maya foram usadas junto com texturas pintadas no Adobe Photoshop.
ALCEU BAPTISTÃO
WWW.VETORZERO.COM/KAYA

O ADOBE FLASH é a primeira escolha para ilustradores que procuram criar uma gama de conteúdos de animação. A popularidade do formato Flash e a grande quantidade de plug-ins fizeram da animação nesse aplicativo um dos recursos padrão de sites mais ambiciosos. O pacote consiste em três aplicativos em um: uma ferramenta de animação e sequenciador; um ambiente interativo de autoria multimídia e um programa de desenho vetorial.

Flash

Graças a essas características híbridas, ele é capaz de criar uma ampla gama de conteúdo animado e/ou interativo, de introduções a websites, banners, anúncios e barras de navegação a desenhos animados com qualidade para ampla difusão. Além disso, inclui sua própria linguagem de programação altamente robusta, o Action Script, baseado no Java Script, que se tornou uma das linguagens de programação mais populares do mundo. O Action Script capacita o conteúdo do Flash a trabalhar com outros sistemas e recursos da web como base de dados; por isso, pode ser integrado com os sistemas de transferência de arquivos mais avançados.

Aqui, estamos preocupados sobretudo com a capacidade de animação vetorial do Flash, que é tanto eficaz quanto apropriada para muitos tipos de trabalho. Apesar de o Flash ser capaz de animar bitmaps e lidar com conteúdo de vídeo, seu formato de arquivo original é baseado em vetor, e aqui reside seu ponto forte. Diferentemente do Adobe Director, o Flash baseia-se em seu formato de pequeno tamanho para transmitir a animação via web. A maioria dos usuários de internet já encontrou o conteúdo do Flash em centenas de sites na forma de conteúdo gráfico ou em funções de navegação aperfeiçoadas.

Acima: O Flash, como outras ferramentas de animação, oferece a técnica "onion skinning" para ajudar no processo de animação. O quadro que está sendo trabalhado é sobreposto com uma película semitransparente, com as ilustrações do quadro anterior e do subsequente. Assim, você pode fazer ajustes com base nos dois.

Os filmes em Flash são muito compactos e baixados rapidamente, mesmo com conexões com modem. Entretanto, navegadores padrão de web como o Microsoft Internet Explorer e o Safari precisam de um plug-in Flash Player antes de mostrar o conteúdo do Flash. Apesar de mais de 20 milhões de usuários já terem instalado esse programa gratuito, a maioria dos proprietários de site ainda reconhecem a necessidade de oferecer um conteúdo paralelo que não esteja em Flash, para garantir que o material seja acessível universalmente.

O Flash disponibiliza uma grande variedade de ferramentas de desenho vetorial para criar personagens e fundos. Você pode, também, importar vetores gráficos, bitmaps ou vídeo clips para os seus filmes. Para vídeos gravados, o Flash usa o Sorenson Spark de decodificação e de reprodução, que habilita a transmissão de vídeos de alta qualidade em uma conexão de baixa velocidade na internet.

O principal do Flash é o poderoso sequenciador de animação. A organização das sequências ou dos filmes é obtida por diversos métodos. Cada filme em Flash pode conter algumas cenas, que podem ser organizadas em qualquer ordem de exibição. Os comandos do ActionScript podem ser aplicados a objetos individuais em uma cena ou a ela toda. Cada cena pode conter um número ilimitado de camadas, que são vistas de frente para trás, como em um desenho vetorial comum. A ordem de empilhamento das camadas é organizada em uma linha do tempo familiar: a camada superior na linha aparece à frente da cena; a última camada, atrás. Há, também, uma ordem de empilhamento em cada camada e, no topo desta (chamado de nível de sobreposição), estão tipos especiais de objetos, como bitmaps, textos, itens agrupados e instâncias de símbolos. Instâncias de símbolos, como nos programa de desenho vetorial, são referências a um objeto armazenado de forma permanente em um banco de arquivos do Flash.

Uma série de quadros em uma sequência de cenas é assim formada para montar um filme. Em cada quadro do filme pode haver elementos que mudam de tamanho, posição e cor a partir do quadro anterior. Utilizando as cenas, podem-se organizar sequências de quadros em um filme e ligar múltiplas cenas e filmes para completar uma animação mais longa. Pode-se, também, criar uma animação tradicional quadro a quadro, utilizando uma imagem separada para cada um. A interpolação é oferecida para automatizar a criação de quadros intermediários entre o início e o fim das imagens.

Acima: Após ter construído todos os elementos animados separados para a sua cena, a melhor maneira de fazer uma animação é converter cada elemento em um símbolo animado. Símbolos podem ser animados, estáticos ou interativos.

À direita: O Flash tem algumas características úteis que permitem que você organize uma cena para tornar a animação mais fácil e produtiva. Depois de criar todos os seus símbolos, o próximo passo é criar uma série de camadas hierárquicas na linha do tempo, onde podem ficar instaladas. Aqui, ajustamos cada elemento em sua

Aqui, convertemos os objetos animados em símbolos Flash, e agora estamos prontos para começar a construir uma cena animada completa. (Abaixo) Usando interpolação, o Flash cria os quadros intermediários de uma sequência.

camada própria e os posicionamos no primeiro frame-chave da cena.

O **ADOBE AFTER EFFECTS** é um poderoso programa de animação que combina imagens estáticas com filmes e áudio. Projetado para trabalhar com o Photoshop, pode abrir arquivos diretamente desse aplicativo – cada camada do Photoshop será mantida como um objeto separado no After Effects. Isso significa que é possível construir no Photoshop uma animação completa, elemento por elemento. Abrir o arquivo no After Effects permite que todos os elementos sejam animados.

After Effects

A gama de animações utilizadas pelo programa é extensa. Efeitos simples incluem os controles de animação mais básicos: rotação, dimensionamento e movimentação dos objetos no tempo. Eventos em movimento podem ser automaticamente iniciados por filmes ou por arquivos sonoros; o tamanho da abertura da boca de uma figura pode determinar o volume do áudio no arquivo, fazendo com que os lábios se movam em sincronia com o áudio, dando uma impressão razoável de que está falando.

Efeitos mais sofisticados também estão disponíveis, como a possibilidade de variar a cor, a opacidade e a nitidez de uma camada. Diversos filtros plug-in do Photoshop, como Ondulação, Esferizar e Cisalhamento também podem ser animados ao longo do tempo. Além disso, o After Effects inclui um mecanismo único de 3D, com o qual imagens planas são organizadas em um espaço virtual 3D; elas podem ser giradas e vistas por qualquer ângulo, formar sombras e assim por diante.

No After Effects, o movimento é controlado por uma linha do tempo. Barras coloridas mostram por quanto tempo o objeto estará visível, enquanto os controles para cada objeto indicam o ângulo de rotação,

162   ANIMAÇÃO

Name	Type	Size	Durat
▽ KEN	Folder		
body/KEN	Photoshop	4.4M	
eye/KEN	Photoshop	4.4M	
eyeball/KEN	Photoshop	4.4M	
eyelids/KEN	Photoshop	4.4M	
fist/KEN	Photoshop	4.4M	
handL/KEN	Photoshop	4.4M	
handR/KEN	Photoshop	4.4M	
head/KEN	Photoshop	4.4M	
Layer 2/KEN	Photoshop	4.4M	
Layer 3/KEN	Photoshop	4.4M	
moutha/KEN	Photoshop	4.4M	
moutho/KEN	Photoshop	4.4M	

head/KEN used 1 time
265 x 401, D1/DV PAL (1.07)
Millions of Colors+ (Straight)

Acima: Todas as imagens e sons utilizados em um projeto são reportados em uma única palheta. Ela indica o tamanho, o tipo e a localização dos arquivos originais, permitindo que cada um deles seja pré-visualizado individualmente.

dimensionamento ou o grau de um efeito especial a cada ponto. A interpolação, onde os passos intermediários foram calculados entre os quadros-chaves, aplica todos os parâmetros de um objeto escolhido. Logo, um filtro Cisalhamento, por exemplo, pode ser definido entre gradual até força total para definir a opacidade de 0% a 100% entre dois quadros. Ao incluir um terceiro quadro-chave marcando seu ponto focal em uma posição diferente, pode-se fazer um objeto que se mova através da área da imagem. O desenho de um demarcador curvo entre o segundo e o terceiro quadro-chave fará com que a luz siga o demarcador em vez de mover-se em linha reta. O resultado será um ponto de luz se dissolvendo na paisagem e, então, movimentando-se lentamente através da cena.

O After Effects foi projetado para criar animações para filmes e TV, e também para multimídia e projetos na web. Uma vez que utiliza imagens estáticas em alta resolução, não é preciso se preocupar com a qualidade de transmissão das imagens. Muitas sequências profissionais de títulos televisivos foram criadas com o After Effects, já que o resultado pode ser exportado para uma série de formatos de filmes padrão.

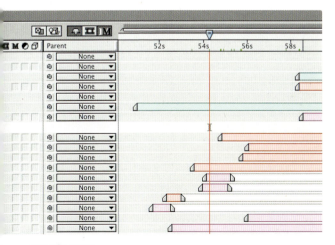

Página ao lado: A animação é pré-visualizada em uma janela própria, que pode ser ajustada em vários tamanhos. Os retângulos na área da imagem mostram as áreas Action Safe e Title Safe, utilizadas em filmes TV.

À esquerda: A linha do tempo mostra a extensão de cada imagem e os elementos sonoros; para cada imagem, a extensão do "bastão" indica o momento em que estará visível na animação finalizada.

ANIMAÇÃO DIGITAL

O TOON BOOM STUDIO é um aplicativo completo de animação em 2D, ideal para gráficos web e aplicativos multimídia. Ilustradores digitais iniciantes podem achar que ele se adapta melhor às suas necessidades que o Adobe Flash. Enquanto a maioria dos novos animadores dos meios de comunicação escolheu o Adobe Director ou o Flash, nenhum desses é muito atrativo a animadores tradicionais que queiram trabalhar em ambiente digital. O Toon Boom Studio é destinado a animadores profissionais que precisam de uma ferramenta, com o único propósito de concorrer com as técnicas tradicionais de animação.

Toon Boom Studio

Com base no US Animation, o Toon Boom Studio utiliza gráficos Flash e tecnologia de animação, omitindo a capacidade interativa. O programa todo é baseado em técnicas de animação experimentadas e testadas, e o resultado é de uma eficiência excepcional. Um trabalho com qualidade impressionante pode ser criado com relativa facilidade, e mesmo os iniciantes na área podem achar que o Toon Boom satisfaz suas necessidades melhor que o Flash.

O Toon Boom Studio tem dois métodos de trabalho: Desenho e Planejamento de Cena. Todos os elementos gráficos de uma animação são criados, manipulados e coloridos no modo Desenho. O Planejamento de Cena traz esses elementos para uma janela com o layout da cena e a linha do tempo, onde você pode manipular, no tempo e no espaço, a posição e o comportamento de cada objeto.

O modo Desenho oferece ferramentas gráficas similares às do Flash, mas indiscutivelmente mais fáceis de manipular. A ferramenta pincel, por exemplo, é sensível à pressão, o que o torna fácil para usuários com habilidades para desenho convencional, e a mesa digitalizadora para criar ilustrações expressivas, parecidas com os tradicionais fotogramas pintados.

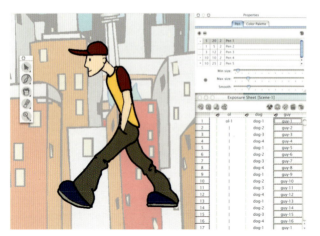

O Toon Boom Studio oferece duas interfaces, uma para desenhar e outra para o planejamento da cena. Aqui, no modo Desenho, você tem acesso à área dos gráficos de animação tradicionais e a uma série de ferramentas básicas de desenho vetorial. A folha de exposição se parece com uma planilha em colunas da animação tradicional para gerenciamento de cada quadro e fotograma.

O preenchimento à tinta pode ser aplicado separadamente usando a ferramenta Tinta, e você pode utilizar Formas Personalizadas para fechar qualquer demarcador que tiver criado. Não há suporte para textos, mas pode-se importá-los de outro programa de desenho por meio dos formatos vetoriais mais populares.

No modo Planejamento de Cena, você pode organizar seus desenhos usando uma forma de posicionamento de objetos em 3D em três planos diferentes: fundo, plano médio e primeiro plano. Os elementos são dispostos para visualização de uma câmera virtual, com o cenário no fundo e, à frente, atores e outros objetos empilhados. Você pode ajustar as distâncias utilizando tanto Visão do Topo e Lateral quanto Propriedades dos Objetos. Quando sua animação é renderizada, os objetos tornam-se maiores ou menores conforme a distância a que estão da câmera, e essa perspectiva é mantida quando tanto os objetos quanto a câmera se movimentam. Os resultados são bastante sofisticados, e seria complicado e demorado produzir se você dimensionasse, manualmente, a escala de um trabalho artístico em 2D em um único plano.

Existem dois métodos para animar sua ilustração. O primeiro é atribuir um ou mais objetos como atrelados que você pode, então, interpolar dentro de uma linha do tempo no Planejamento de Cena, movimentando os vários objetos atrelados e governados por demarcador de controle ao estilo Bézier. O segundo método usa o conceito de folha de exposição, acessada no modo Desenho. Aqui, você pode criar animações bastante complexas utilizando um único elemento gráfico com múltiplas camadas, cada uma animada separadamente. Tais objetos podem ser incorporados em uma cena maior, ligando-os a uma linha do tempo conforme rodam em seus próprios quadros.

O recurso Sincronização Labial do Toon Boom é único entre os programas vetoriais, tornando muito mais fácil criar personagens de desenho animado que falem. O software analisa clipes de som importados e, automaticamente, anexa exemplos gráficos, pontos-chave e rótulos na trilha de áudio. A partir de então, é fácil conciliar gráficos faciais ilustrados dentro da folha de exposição, a fim de sincronizar e fixar os destaques de áudio com os destaques visuais que você desenhou.

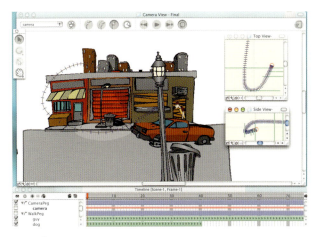

À esquerda: O modo Planejamento de Cena é o ponto central do Toon Boom Studio. Você tem acesso a diversas visualizações, incluindo a visão da câmera, uma linha do tempo horizontal e visões diagramáticas da câmera de cima e da lateral. O controle sobre o posicionamento da câmera é disponibilizado durante a cena. Com os planos de visualização da cena de cima e da lateral, você pode mover a câmera utilizando trajetórias complexas, através de um sistema flexível e automatizado de planos múltiplos.

ANIMAÇÃO DIGITAL 165

GIFS ANIMADOS Uma das características que diferenciam páginas da web de material impresso é o uso de animação. Filmes em Flash e QuickTime são uma opção, mas é preciso que o usuário baixe os plug-ins apropriados para poder visualizá-los. Também podem ocupar bastante memória.

GIFs Animados

5

GIFs animados são alternativas simples e fáceis de fazer. São carregados como gráficos comuns e podem ser "otimizados" para que fiquem do menor tamanho possível. Esse processo é uma negociação entre qualidade da imagem e tamanho do arquivo – em geral, quanto mais baixa a qualidade, menor o arquivo.

A qualidade da imagem depende de diversos fatores: a quantidade de cores utilizadas, o método "dithering" (ruído – um meio de simular cores ausentes posicionando sombras similares bem próximas) e a "lossiness" total da imagem. Quanto maior

Abaixo: Este esboço de um anúncio utiliza diversas técnicas de animação. O avião se aproxima por entre as nuvens e sobrevoa. Isso é feito empregando-se três diferentes camadas do avião, de tamanhos também diferentes, sendo que apenas uma de cada vez é visível. Os primeiros seis quadros usam o mesmo tamanho de avião, que é movido um pouco a cada quadro para simular

movimento. A palavra "Worldwide" tem uma máscara de camada, que desliza gradualmente para a direita, quadro a quadro, para revelar toda a palavra; "holidays" aparece gradualmente ao longo de três quadros até atingir 100% de opacidade. O raio de sol é criado em três aplicações distintas do filtro Cisalhamento, aumentando a intensidade do filtro a cada aplicação.

ANIMAÇÃO

a diferença entre cada quadro e o anterior, maior será o tamanho do arquivo. Com frequência, uma mudança mínima é suficiente para dar uma noção de movimento.

Arquivos GIF animados têm a vantagem adicional de poder ser visualizados a partir de qualquer navegador da web, sem a necessidade de nenhum software ou plug-in especial. Normalmente são elementos pequenos na página, em geral programados para repetir ou fazer loop na animação. Publicidade em websites geralmente compreende um único arquivo GIF que se repete infinitamente. Com diversos websites insistindo que os anúncios não podem ser de tamanho maior que 10k, exige-se da habilidade do animador ao produzir o melhor anúncio no menor arquivo.

Existem vários programas para criar animações em GIF. Um dos mais populares, Adobe ImageReady, agora está incluído no Adobe Photoshop como painel de Animação. Tipicamente, as animações são criadas em uma base quadro a quadro, utilizando camadas do Photoshop. Elementos de imagem podem ser movidos entre os quadros e sua posição é registrada apenas em um. Para alterar dimensão e rotação, aplicados globalmente (como se vê nesse modelo do Worldwide Holidays), são necessárias três versões diferentes do avião, uma vez que ele surge em três tamanhos diferentes.

A visibilidade do objeto pode ser controlada em uma base quadro a quadro. Você pode pré-visualizar a animação diretamente no Photoshop, usando os controles para reprodução no painel de Animação. Por fim, você pode experimentar diferentes configurações de saída para otimizar a aparência e o tamanho do arquivo final. Essa não é o único modo de criar GIFs animados, mas com certeza é um dos mais flexíveis e eficazes meios de trabalhar.

Entretanto, não espere demais desse formato: não é possível obter cores fotográficas fiéis, e longas sequências de animação podem gerar arquivos grandes, não importa o quanto você ajuste as configurações.

ANIMAÇÃO DIGITAL

A ANIMAÇÃO EM 3D oferece as oportunidades mais criativas de todo o meio digital, mas também exige um dos mais altos graus de aprendizagem. Várias técnicas especiais são utilizadas para ajudar a controlar o modo como a animação se comporta ao longo do tempo.

Animação em 3D

O 3D funciona de modo bem parecido com a animação em outros tipos de programas, em que você inicia com uma linha do tempo e quadros-chave, interpolados ao longo do tempo para criar movimento. O que torna isso muito mais complexo é que existem três dimensões espaciais em que todos os objetos, câmeras e luzes podem se mover e girar.

Para ajudar a controlar o modo como a animação progride ao longo do tempo, os programas 3D frequentemente utilizam curvas de função. No caso de movimento ou translação de um objeto no espaço, essas curvas controlam as direções x, y e z. Por exemplo, se um objeto é definido como x = 10 no quadro um e x = 30 no quadro 50, seu movimento será descrito pela forma de uma curva de função entre esses dois quadros-chave.

Se o movimento for linear – isto é, se o objeto se move em uma velocidade constante e não aumenta nem diminui a velocidade durante o percurso –, a curva de função será uma linha reta. Para criar uma animação com "aceleração e desaceleração", em que um objeto em repouso acelera suavemente, viaja de modo linear e, então, desacelera e para de novo, você terá de manipular a curva em uma forma S. A curva de função é normalmente controlada pelas alças Bézier, apesar de muitos programas 3D também permitirem que se usem outros tipos de interpolação de quadros-chave, como em degraus, linear, cúbico e TCB (tensão, continuidade e inclinação).

A animação em 3D é altamente dependente de hierarquias. Hierarquia é um agrupamento de objetos que proporcionam uma relação de parentesco entre os ocupantes do grupo. Ao mover ou animar uma das matrizes, seus descendentes se moverão junto. Hierarquias também permitem que você construa objetos complexos articulados, cujos membros podem ser facilmente animados.

Animações tradicionais utilizam um processo chamado cinemática direta ou FK. Para animar uma perna ao dar um passo, faz-se, um a um, o quadro-chave do quadril, depois da coxa, da canela e, então, do pé em cada etapa da animação, até o passo ser mapeado. Funciona, mas é trabalhoso.

Hoje, entretanto, os programas 3D o habilitam a animar utilizando a cinemática inversa, ou IK. Para dar um passo utilizando IK, basta movimentar o pé: a canela, a coxa, o quadril se movem de acordo. Ou, antes, giram. A graça do IK é que a hierarquia não se perde quando você puxa uma das pontas. Uma perna em IK requer quadros-chave apenas para o pé; a rotação de outras articulações é calculada pelo software em uma base quadro a quadro. O IK funciona muito bem para uma hierarquia articulada, mas como você vai animar, por exemplo, um personagem feito em uma única malha sem articulações? Nesse caso, você forma uma hierarquia para objetos não especiais e não renderizados, conhecidos como ossos (ou, às vezes, como articulações). Os ossos

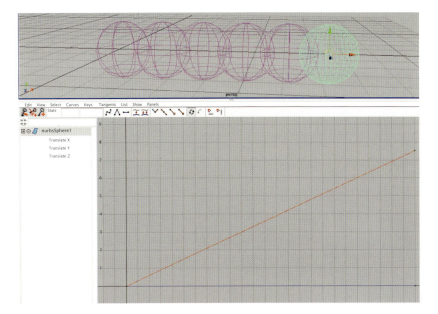

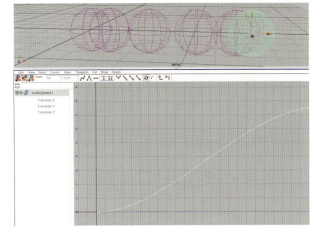

Acima: A curva de função mostra a interpolação entre quadros-chave, como uma curva em um gráfico. A forma da curva ajuda a visualizar como o objeto se movimenta entre os quadros-chave. Uma curva de função em linha reta significa que não há aceleração nem desaceleração.

À esquerda: O formato típico da função curva é um S. Isso dá a um objeto uma movimentação suave, que inicia e termina naturalmente, sem qualquer solavanco. O modo como você delineia suas curvas pode influenciar bastante a dinâmica de suas animações.

ANIMAÇÃO DIGITAL

Animação em 3D

formam um esqueleto dentro da pele do personagem, a qual se liga aos ossos para que, quando girados, a pele se altere nas juntas. O FK e o IK são usados como de costume para animar o esqueleto. Este, por sua vez, deforma a malha para renderizar o personagem animado.

Não somente objetos podem ser animados. A câmera e as luzes podem também e, para auxiliar o processo, com frequência você encontrará em uso objetos especiais, chamados objetos nulos. O nulo é outro tipo de objeto não renderizado, na verdade é apenas uma localização no espaço definida por um conjunto de eixos e, usualmente, disposto em cruz. Objetos podem, então, aproximar-se dos nulos, que são então animados. Isso ameniza as complicações que surgem a partir da rotação dos eixos em três dimensões. O bloqueio de navegação (gimbal lock) é um problema comum, frequentemente associado à câmera, que pode ser resolvido com os nulos. Aqui, um eixo torna-se eixo de rotação para que os outros dois fiquem no mesmo plano; ao ser girado, qualquer um deles resulta exatamente na mesma rotação, quer você queira ou não. Vinculando a câmera a dois ou três nulos em uma hierarquia em cascata, evita-se o bloqueio de navegação. O objeto nulo um é animado apenas ao redor do eixo x; o objeto nulo dois, apenas ao redor do y. A câmera está livre para ser girada ao redor do eixo z. Tudo parece, e é, um tanto complexo: a animação em 3D oferece algumas oportunidades criativas inacreditáveis, mas é a mais exigente de todas as mídias digitais que vão além dos conceitos básicos.

À esquerda e ao lado: o software 3D permite que você crie todo tipo de animação complexa a partir de componentes simples. Por exemplo, a animação de um logotipo básico pode ser aperfeiçoada aplicando-se um deformador especial que explode a malha. Os parâmetros da explosão podem, então, ser animados para reconstituir o logotipo ao longo do tempo.

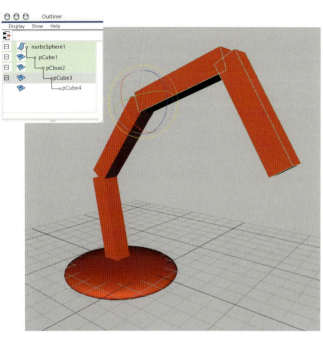

À esquerda: Hierarquias ajudam a fazer animações complexas sem tentar sincronizar uma quantidade impossível de objetos. Ao agrupá-los em hierarquias, você pode criar estruturas articuladas como um braço mecânico. Cada objeto gira no local em que está unido a sua matriz; assim, todo o grupo pode ser manipulado junto.

ANIMAÇÃO DIGITAL

ARTISTA PROFISSIONAL

O TRABALHO DE ILUSTRADOR

O TRABALHO DE ILUSTRADOR

PRÁTICA PROFISSIONAL Um portfólio on-line bem elaborado é uma das primeiras coisas que o ilustrador profissional deve considerar. O próprio website representa o estilo do ilustrador e a qualidade de seu trabalho, assim como as imagens no portfólio.

Tradicionalmente, os artistas têm de compilar portfólios que contenham o melhor exemplo do seu trabalho. Mantê-los atualizados com os trabalhos mais recentes é uma coisa; fazê-los chegar aos clientes (o que, frequentemente, significa enviá-los pelo correio ou entregá-los pessoalmente) pode ser demorado e caro.

Atualmente, um artista digital pode apresentar seu trabalho em um site individual, que tem a vantagem de estar disponível de imediato para diversos destinatários e de ser facilmente atualizado, conforme a necessidade. Programas de web design estão cada vez mais fáceis de serem usados e, mesmo sem especialização técnica, um novato pode montar um site apresentável.

Para criar seu próprio site, você vai precisar de duas coisas: um domínio e um local na rede. Comprar um domínio com seu nome é fácil se você se chama, por exemplo, Vladimir Borowyczyk, uma vez que as chances de encontrar um www.vladimirborowyczyk.com são bastante remotas. Mas, se você se chama José Silva, terá de encontrar outra solução. De qualquer forma, o nome tem de ser fácil e marcante. Nomes padrão que vêm com alguns provedores de hospedagem e pacotes de e-mails, em geral do tipo www.jsilva24.cutpricewebspace.net, não transmitem a imagem profissional de que você precisa.

Os domínios de "alto nível" – aqueles terminados em .com – custam em torno de R$ 15,00 ao ano, e domínios brasileiros (.com.br) custam por volta de R$ 30,00/ano. O custo do espaço na rede pode até ser gratuito a R$ 80,00 por uma hospedagem básica. Se preferir a opção gratuita, esteja ciente de que seu site provavelmente será acompanhado por um horrível banner de propaganda. Você pode ter de pagar muito mais que R$ 80,00 para ter seu tráfego de web monitorado e avaliado estatisticamente, mas esses serviços adicionais serão de pouca utilidade para o ilustrador típico.

Ao lado: O trabalho de alta tecnologia de Derek Lea é apresentado em um ambiente apropriadamente moderno. As miniaturas mostram detalhes das ilustrações a que conduzem, em vez de uma redução do trabalho todo.

Outra forma de distribuir seu trabalho é em CD. Você terá de compilar algum tipo de menu para permitir que os usuários acessem facilmente os trabalhos. Existem diversos aplicativos que permitem isso, mas você tem de ter certeza da compatibilidade entre as plataformas (em outras palavras, de que o aplicativo vai rodar tanto em PC quanto em Mac). Montar um web site apenas para distribuir CD costuma ser a melhor opção. Já que a mídia virgem é barata, você pode enviar CDs para possíveis clientes sem se preocupar em pedi-los de volta.

Mas, sem dúvida, a melhor maneira de destacar seu nome diante dos clientes em potencial é fazer com que vejam seus créditos em uma publicação de renome – o que significa convencer um editor de arte a dar uma chance ao seu trabalho. Como sempre, o primeiro degrau da escada é o mais difícil de ser transposto.

TALENTO E HABILIDADES técnicas avançadas não são suficientes para garantir, a um ilustrador digital, um fluxo constante de trabalho. Independentemente de quão bom você seja, é vital adotar umas regras simples se deseja que um cliente lhe peça mais trabalhos.

Atender a clientes

Antes que um editor de arte contrate um novo ilustrador ou um ainda não testado, ele ou ela precisa ser convencido de que determinadas condições serão cumpridas. Os principais critérios são:
1. O estilo é original?
2. O padrão do trabalho é suficiente para publicação?
3. O ilustrador consegue interpretar as instruções?
4. O ilustrador tem certeza de que pode cumprir o prazo?

Talvez seja uma triste constatação saber que os pontos expostos foram listados em ordem inversa de importância. Independentemente de quão inspirado ou talentoso você seja, descumprir o prazo vai garantir que não seja chamado de novo. Ao trabalhar para revistas, os artistas têm entre dois dias e uma semana para concluir a ilustração. Se você trabalha para jornais diários, o tempo entre receber a encomenda e entregar o trabalho finalizado pode resumir-se em algumas horas. Perca esse prazo e o jornal será publicado com a página em branco – que, em geral, será preenchida com alguma foto de arquivo. A regra fundamental é: não descumpra o prazo.

Editores de arte têm muitas formas de trabalhar. Alguns vão entregar a você um esboço da ilustração que querem, e fica ao seu encargo fazer as modificações necessárias – você é o ilustrador e saberá o que funciona ou não funciona. Alguns editores de arte vão simplesmente enviar-lhe o texto a ser ilustrado e esperar que você apresente as ideias. Nesse caso, você terá de descrever por telefone sua solução (em geral o caminho utilizado ao trabalhar com prazos curtos) ou apresentar um esboço. Tenha em mente, entretanto, que, caso trabalhe com fotomontagem, o resultado final vai depender das imagens que estão disponíveis; por isso, certifique-se de quais elementos você deseja incluir antes de desenhar o esboço.

Acima. Esse é o esboço original de um pôster do London Zoo, a ser fixado na lateral de um ônibus. O formato irregular tem por finalidade adaptar-se aos painéis do ônibus.

Interpretar as instruções significa encontrar uma forma nova e original de abordar a história. Para evitar soluções clichês ou óbvias, sempre que possível não utilize, na cena, objetos rotulados. Estão ultrapassados, e com razão, os tempos de um político sentado em um bote, escrito "responsabilidade social", lançando ao mar uma boia salva-vidas com a frase "ajuda externa".

Editores de arte frequentemente vão querer fazer pequenas alterações no trabalho que você entregar. Mantenha-o em camadas para aumentar a possibilidade de fazer ajustes e seja receptivo às sugestões, ainda que possa manter sua decisão caso esteja completamente convicto de que é a melhor. Em último caso, é trabalho do editor de arte obter o resultado almejado.

Agências de publicidade são os clientes mais exigentes. Trabalhos para agências frequentemente terão dúzias ou mais de alterações, uma vez que todos, do gerente de contas ao cliente, vão opinar sobre seu trabalho. As agências pagam melhor que qualquer outro cliente, e a verba oferecida pode ser tentadora, mas, com frequência, você vai iniciar o trabalho como ilustrador e terminar como um mecânico, fazendo mudanças aparentemente irritantes e irrelevantes enquanto o diretor de arte espia por sobre seus ombros. Nesse caso, é melhor você engolir o orgulho e fazer o que ele quer.

Trabalhos finalizados podem ser enviados por e-mail, CD ou FTP, no caso de arquivos mais pesados. Os trabalhos a serem enviados por e-mail devem ser salvos em JPEG de alta qualidade, compatível com a velocidade de transmissão. Entretanto, não raro o diretor de arte requer o trabalho finalizado no formato original em camadas: assim, se necessário, ele mesmo poderá alterá-lo.

Abaixo: devido ao posicionamento difícil da seção T, é importante obter as dimensões precisas do banner.

Abaixo: As fotografias originais das crianças abaixo foram postas juntas para mostrar a composição, mas antes das distorções faciais.

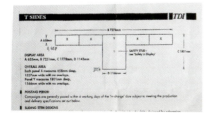

Acima: A imagem final, com todos os elementos no lugar, após todas as alterações do cliente.

O TRABALHO DE ILUSTRADOR

EM ALGUM MOMENTO você vai ter de negociar valores com seu cliente. Para a maioria dos artistas, essa é a parte mais árdua do trabalho. Cobre caro demais e seu preço estará fora do mercado; se baixo demais, seu trabalho não será valorizado.

Ganhar dinheiro

Jornais e revistas costumam ter tabelas de preço para ilustrações, dependendo do tamanho do trabalho utilizado e da posição na publicação. A ilustração de capa, por exemplo, é mais cara. Por razões históricas, as publicações ainda pagam menos por ilustrações em preto e branco (conhecidas como "mono") do que por um trabalho em cores. Isso remete ao tempo em que as ilustrações eram feitas à mão e colorir era uma etapa adicional. Entretanto, hoje é rápido trabalhar tanto com cores quanto em mono; na verdade, ilustrações mono são muito mais difíceis de criar por causa da ausência de cor – que podem ser utilizadas para destacar parte de uma imagem. Criar uma ilustração atraente em preto e branco é um processo muito mais difícil.

Agências de publicidade em geral não têm uma tabela fixa para ilustração. Ao discutir valores, você não vai negociar com o diretor de arte, mas com o executivo de contas (a pessoa responsável por toda a campanha), ou, em agências maiores, com o "gerente de tráfego" (a pessoa responsável por garantir que tudo chegue dentro do prazo, no lugar certo). Essas pessoas têm em mente um valor, mas nunca lhe dirão qual. Fica por sua conta apresentar-lhes um orçamento. Se eles aceitarem logo de cara, você saberá que cobrou muito pouco. Mas então será tarde demais; você não poderá negociar por mais dinheiro. O truque é você calcular a quantia máxima que o trabalho vale e, então, dobrá-la. Depois, dobre-a novamente e repita a quantia diante do espelho até dizê-la sem hesitar. Ao trabalhar para agências de publicidade, quanto mais cobrar por seu trabalho, mais elas acharão que vale a pena pagar esse valor.

Enviar faturas e receber os cheques é outra tarefa importante. Elas podem ser impressas em gráficas, mas guarde cópias de todas as notas fiscais que enviar, tanto para mandar avisos quando tiverem vencido (o que é muito comum ocorrer) como para guardar os documentos para o imposto de renda. Uma solução melhor é utilizar um aplicativo de banco de dados para criar um sistema de fatura, que vai automaticamente arquivar uma nova como registros separados e permitir que você as separe por data, cliente, data de pagamento e assim por diante. Existem diversos pacotes especializados em gerar notas fiscais, mas, em geral, mesmo os aplicativos de dados mais básicos são suficientes.

Uma solução para isso tudo é contratar um agente. Agentes têm duas funções principais: conseguir trabalho para você e lidar com a parte administrativa do negócio. Eles conseguem trabalho para você promovendo-o em seus próprios sites, mediante envio de mensagens, visitas a agências de publicidade e anúncios em anuários de negócios. Também vão negociar valores e contratos, emitir nota fiscal e cobrar os pagamentos. Um valor médio para esses serviços é 30% da receita que você receber em cada trabalho negociado.

Trabalhar com agente pode ser uma boa alternativa para ilustradores novatos entrarem no negócio. Os bons agentes vão assessorar seu trabalho e sugerir meios para torná-lo mais atrativo comercialmente, o que pode ser útil aos iniciantes. Alguns agentes se especializam em determinados estilos, enquanto outros se dedicam a criar um portfólio amplo a partir de uma variedade de estilos. Antes de buscar um agente, verifique seu site para ver se ele é adequado. Uma busca na internet com o tópico "ilustradores" vai mostrar dúzias de sites de agências.

A menos que você seja adepto da sonegação de impostos, vai precisar dos serviços de um contador. Bons contadores podem economizar mais do que você irá pagar pelos serviços dele, mas verifique as velocidades antes de se comprometer com qualquer pessoa ou empresa.

Abaixo: Agentes podem encontrar novos trabalhos e cuidar da parte administrativa de seu negócio – em troca de 30% dos seus rendimentos –. Um bom contador economiza para você mais do que cobra. Por fim, seu contador vai poupá-lo do trabalho de preencher sua declaração de impostos.

CONSAGRADAS nas leis de propriedade intelectual da maioria dos países, as leis de direitos autorais o protegem de plágio e exploração indevida do seu trabalho. Ao mesmo tempo, limita que você use trabalhos de outras pessoas.

Direitos autorais e fonte da imagem

A chegada da tecnologia digital gerou menos impacto nos princípios fundamentais dos direitos autorais do que se admite, mas a facilidade com que esse material pode agora ser copiado e publicado torna mais necessário do que nunca que tanto ilustradores quanto clientes entendam esses princípios.

Em geral, ao criar qualquer trabalho artístico você automaticamente torna-se o detentor dos direitos autorais, e ele não pode ser reproduzido sem sua permissão. Entretanto, os direitos autorais daquilo que você produzir enquanto estiver prestando serviços, com carteira de trabalho assinada, em uma empresa são, normalmente, do seu empregador.

Apesar de ser mais comum os ilustradores trabalharem por conta própria, a linha divisória entre o trabalho *freelance* e o de vínculo empregatício (ou "contratado") varia entre os países, e é importante saber em qual lado você se encaixa.

Ao vender um trabalho a um cliente, em geral você oferece uma licença limitada de reprodução da obra. Tradicionalmente, um editor paga por uma ilustração para usar apenas uma vez em um livro ou revista; o uso posterior em outros produtos vai requerer um novo valor a ser negociado com o ilustrador. Em publicidade, é mais comum adquirir "todos os direitos". Em seu trabalho, o direito autoral é atribuído ao cliente, que, a partir de então, terá direito de uso exclusivo e ilimitado.

Como os proprietários desses meios aproveitam a internet para redirecionar seus produtos, mesmo os clientes editoriais podem solicitar todos os direitos. Antes de acertar o valor, descubra os termos usuais para o mercado em que está e pergunte ao cliente o que ele espera.

Se alguém que não detém os direitos reproduz seu trabalho, na internet ou em qualquer outro lugar, está, em geral, cometendo uma infração contra seus direitos autorais. Não importa onde, como ou por que a reprodução foi feita, quantas pessoas a viram, se alguém lucrou ou não com isso ou se você foi ou não creditado como autor da obra (apesar de esses aspectos afetarem uma decisão judicial). Você pode determinar que a pessoa responsável ou qualquer envolvido na reprodução e na distribuição do trabalho (como o impressor, o provedor de internet, o livreiro) pare de fazê-lo e, então, requerer a compensação adequada.

Do mesmo modo, se você utilizar material artístico de qualquer fonte – por exemplo, fazendo uma cópia digitalizada ou baixando da internet – e incluir, sem consentimento do autor, em seu trabalho, estará infringindo os direitos autorais de outra pessoa.

Muitos artistas digitais utilizam imagens "encontradas" como parte de seu estilo de trabalho, e há duas maneiras legalizadas de fazer isso. A primeira é obter permissão do detentor dos direitos. A segunda é utilizar trabalhos explicitamente liberados de direitos autorais – por exemplo, livros e Cds de "clip art" ou obras cujo autor morreu há mais de 70 anos e, portanto, seus direitos autorais expiraram. Em geral, assume-se que o uso não autorizado é aceitável se a fonte for descaracterizada, com o uso de apenas um fragmento ou mediante grande alteração. Mas isso não evita a infração, apenas reduz a probabilidade de ser pego. Muitos ilustradores digitais não conseguiram evitar isso, incluindo ilustradores que desenharam sobre mapas existentes e ilustradores que fizeram homenagens a artistas do século XX. Se seu trabalho vai ser publicado, é melhor não correr nenhum risco.

Bancos de imagem oferecem uma fonte acessível de material devidamente licenciado. Esses bancos cobram preços diferentes de acordo com o uso a que se destina a imagem; elas raramente são adequadas para ilustradores porque o uso de seu trabalho finalizado terá de se adequar aos termos acordados na hora da compra. Bancos de imagem em domínio público cobram um preço fixo por imagem para uso ilimitado. Na internet, você pode buscar esses catálogos (em vez de pagar o proprietário para fazê-lo, como antes) e pagar com cartão de crédito, baixando a imagem de imediato. Para ilustrações utilizadas uma só vez, essa é uma solução ideal. Entretanto, se você precisa multiplicar fotos de um determinado tema para um projeto grande, coleções em domínio público terão um custo significativamente mais compatível.

À esquerda: Em vez de comprar imagens individuais, em geral é mais vantagem investir em coleções prontas fornecidas em CDs. Cada uma representa um estilo particular de material, ou de determinado tema, e oferece dezenas ou mais de fotografias pelo preço de duas ou três.

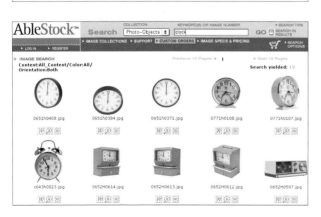

À esquerda: Catálogos especializados podem ter um valor inestimável para o ilustrador. Hemera Photo-Objects, no Ablestock.com, oferece fotografias de objetos do dia a dia fotografados de diversos ângulos. Essas imagens também estão disponíveis em vários álbuns em CD.

REFERÊNCIAS

REFERÊNCIAS TÉCNICAS
GLOSSÁRIO
ÍNDICE
CRÉDITOS

REFERÊNCIAS TÉCNICAS

RESOLUÇÃO Antes de iniciar uma ilustração em um software de bitmap como o Adobe Photoshop, é essencial saber como o trabalho artístico finalizado será reproduzido e em que tamanho. A partir disso, você pode calcular o formato necessário em pixel da imagem, que é determinado quando se cria um documento.

Para visualizar, em monitores de computador, imagens feitas para a web, estipula-se um determinado tamanho em pixel (470 x 60 pixels, por exemplo), no caso de um banner. Para manter um controle mais preciso sobre seu material, talvez você prefira trabalhar com uma resolução maior – talvez o dobro desse tamanho – antes de reduzir a peça finalizada às dimensões requeridas.

Trabalhos impressos demandam resoluções muito maiores. Na saída CMYK, as imagens coloridas são formadas por pontos das quatro cores pelo processo de retícula. Dependendo do equipamento mecânico utilizado, a resolução de saída pode ser determinada pela própria impressora, se for digital, por chapas de impressão, que cria chapas de impressão a partir de um trabalho digital, ou ainda por fotocomposição, que gera filmes separados por cores e a partir dos quais as chapas são manufaturadas. A resolução original desse dispositivo determina o número de pontos

Abaixo, à esquerda: O quadro mostra o tamanho com que duas imagens de diferentes dimensões em pixels aparecerão no monitor e o tamanho máximo em que cada uma pode ser impressa. Note a imensa diferença entre ambas: uma imagem pode parecer enorme se vista em 100% no software, mas isso não significa que ela pode ser exportada em tamanho grande. Para ter uma ideia aproximada do tamanho de impressão, veja imagens ampliadas em 25%. Já mostramos o tamanho da imagem em megapixels, comumente utilizada para descrever a resolução oferecida pelas câmeras digitais. Esse valor é obtido ao multiplicar as dimensões de pixel linear para obter a área e, então, dividir por 1 milhão. Você pode ver que 6 megapixels (especificação respeitável para uma câmera digital) é o mínimo para ocupar uma página de revista, mesmo sem cortes.

Guia de tamanhos de resolução e impressão

Número de pixels	800 x 600	3000 x 2000
Resolução da câmera digital	0.5 megapixel	6 megapixel
SISTEMA IMPERIAL		
Tamanho nominal no monitor (72 ppi)	11 1/8 x 8 1/3"	41 2/3 x 27 3/4"
Tamanho máximo de impressão (300 ppi)	2 2/3 x 2"	10 x 6 2/3"
SISTEMA MÉTRICO		
Tamanho nominal no monitor (72 ppi)	282 x 212 mm	1058 x 706 mm
Tamanho máximo de impressão (300 ppi)	68 x 51 mm	254 x 169 mm

A imagem em traço monocromático é um caso especial de resolução de impressão. Visto que uma linha preta é impressa apenas com tinta preta, não são utilizadas retículas e os pixels do desenho são transpostos diretamente em bordas da tinta. Sem o borrado leve de um meio-tom, os pixels são visíveis em pequenas etapas, mesmo em 300 ppi. Para demonstrar isso, o desenho foi elaborado em vetor e impresso a partir de arquivo vetorial original (abaixo), as linhas foram rasterizadas

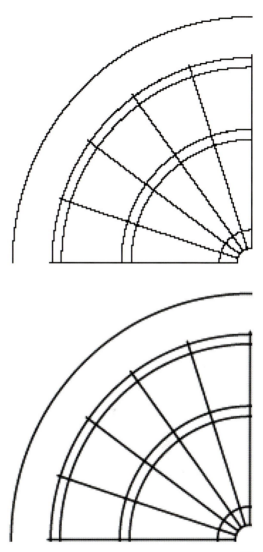

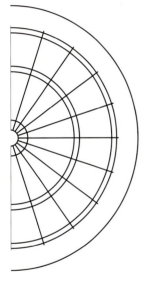

pela fotocompositora em sua resolução original de cerca de 2.500 ppi e ficaram completamente regulares. Se salvarmos o arquivo como um bitmap de 300 ppi, a saída (no topo, à direita) não será tão limpa. A imagem a traço a ser reproduzida em bitmap deve ser salva de preferência em 1.200 ppi ou mais, mas a suavização de serrilhado pode oferecer resultados mais uniformes, apesar de não tão acentuados, em 300 ppi (à direita).

REFERÊNCIAS TÉCNICAS

Resolução

de cada tinta que podem ser impressos por polegada linear, em geral cerca de 2.500.

Para produzir uma cor, entretanto, múltiplos pontos de diferentes tintas devem ser combinados, e isso significa que a menor área aplicada – a impressão equivalente a um pixel – é muito maior do que um único ponto. Isso se chama lineatura e é medido em linhas por polegada (lpi). Em telas para impressões com cores de alta qualidade, como em livros e revistas, é comum utilizar 133 lpi ou 150 lpi. Para bons resultados, a imagem a ser gerada deve ter uma resolução maior que a tela em uso, mas não será notada nenhuma melhoria se exceder o dobro desse valor. Por isso, a figura de 300 pixels por polegada é usada como guia para a impressão de materiais (jornais podem utilizar uma tela mais grosseira, que requer menos pixels).

Descrevemos corretamente a resolução de imagem em pixels por polegada (ppi), mas pontos por polegada (dpi) costumam ser pouco usados para se referir a resolução, independentemente do contexto. Normalmente você verá dpi ser usado como referência à resolução de imagem em bitmap; lembre-se apenas de que, quando se referir a pixels, será na verdade ppi. As dimensões físicas devem ser fornecidas junto com esse valor para determinar o número de pixels, que será o mesmo do tamanho da impressão (em polegadas) multiplicado pela resolução.

O uso de dimensões em pixels para trabalhar na tela torna irrelevante a resolução do monitor, mas, para manter a tradição, estipula-se o valor de 72 dpi, embora a resolução dos monitores atuais seja tipicamente mais alta e varie de acordo com o modelo do fabricante. Assim, "72 dpi" é utilizado como uma generalização para o tamanho das imagens visualizadas na tela. Também é empregado pela equipe de produção gráfica para se referir a toda imagem equivocadamente fornecida em baixa resolução e, por isso, inadequada para a impressão no tamanho requerido.

Você pode alterar a resolução de uma imagem a qualquer momento, definindo novas dimensões. Isso é conhecido como reamostragem. No Photoshop, é feito com o comando Tamanho da Imagem. O software utiliza um processo de interpolação para formar uma quantidade maior ou menor de pixels a partir dos dados existentes. Isso funciona bem ao reduzir o tamanho, embora talvez você deva ampliar um pouco a imagem depois. Aumentar produz um efeito muito menos satisfatório, uma vez que o software é solicitado a inventar dados inexistentes na fotografia, e é inevitável certo grau de imprecisão. Trabalhar com a resolução correta ou maior é o único jeito de produzir imagens claras e nítidas.

Desenhos vetoriais não têm resolução específica, uma vez que consistem em descrições geométricas escalonáveis. Mesmo assim, podem surgir dificuldades referentes à resolução em programas de desenhos. Quando você mescla dois objetos para criar uma gradação de cores, por exemplo, a quantidade de passos na mesclagem deve ser definida de acordo com o tamanho previsto do trabalho. É difícil determinar o número exato, pois depende da variação de tonalidade do degradê, mas você deve deixar pelo menos 24 estágios por polegada. Resolução também é um problema quando efeitos vetoriais avançados, como brilhos suaves e sombras, têm de ser rasterizados para a saída.

Essa imagem de 300 dpi (500 x 500 pixels) parece ser pouco menor que duas polegadas quadradas. Esse tamanho pode ser aumentado um pouco sem comprometimento visível da qualidade, mas não muito além disso.

A reprodução em 72 dpi pode parecer boa no monitor, mas é inaceitável na impressão. À primeira vista, a imagem parece estar com falha. Olhando mais de perto, todos os pixels quadrados estão muito evidentes.

Quando uma imagem é reticulada, a resolução extra do processo de impressão é utilizada para posicionar muitos pontos de tintas diferentes em cada pixel da imagem, permitindo que se reproduza a gama completa de cores.

Na caixa de diálogo Tamanho da Imagem do Photoshop (à esquerda), podemos ver a redução da largura e da altura da imagem cortada. Se retomarmos as dimensões originais e selecionarmos Reamostragem com interpolação bicúbica, o Photoshop criará a imagem cortada com o número original de pixels. Visto que os pixels faltantes foram gerados artificialmente, o resultado não é completamente nítido e aperfeiçoado.

Essa imagem contém pixels suficientes para criar uma densidade de 300 pontos por polegada se reproduzida nesse mesmo tamanho. Cortá-la em uma porção menor que a da área original reduz a quantidade de pixels. Se utilizarmos a imagem cortada para preencher o mesmo espaço, os pixels ampliados tornam-se visíveis.

MODOS DE COR Costuma ser frustrante para o ilustrador o fato de se criarem cores brilhantes e vibrantes na tela e, no entanto, elas ficarem apagadas e sem graça quando o trabalho é impresso. Não se trata de uma falha do impressor ou do birô, e sim do modo como as cores funcionam.

Modos de Cor

7

Telas de computador e impressões a tinta criam cores de modos exatamente opostos. Monitores, como os de televisão, usam a luz para criar as cores; quanto mais cores você inclui, mais brilhante será o resultado. Isso é conhecido como cores "aditivas"; então, se incluir todas as cores ao mesmo tempo e em intensidade máxima, terá o branco. As cores utilizadas são vermelho, verde e azul; o modelo de cores empregado em monitores chama-se RGB.

Com impressões a tinta, entretanto, quanto mais cores você usa, mais escuro será o resultado. Isso é conhecido como cores "subtrativas"; assim, se você acrescentar todas as cores juntas, terá o preto – na verdade, terá um marrom bem escuro, motivo pelo qual as cores de impressão padrão ciano, magenta e amarelo são unidas pelo preto para dar profundidade. Esse modelo de cores é chamado de CMYK (Cyan Magenta Yellow Key – o "K" substitui o "B" de Black, pois este poderia ser confundido com Blue).

O problema é que os usuários querem ver, na tela, uma representação precisa de como as cores serão impressas. Usando um complexo processo de conversão, os programadores simularam muito bem as cores, mas apenas alguns limitam a faixa e cores que podem ser impressas. Seu computador permitirá que você crie verdes brilhantes, rosas fluorescentes e azuis impressionantes – todos fáceis de criar com as luzes vermelha, verde e azul, mas simplesmente impossíveis usando-se tintas CMYK.

REFERÊNCIAS

Acima: As chapas ciano, magenta, amarelo e preto em uma imagem CMYK impressa formam uma fotografia colorida. Note como o quadrante vermelho na camisa é composto de magenta sólido e amarelo, com apenas um toque de ciano e preto.

Esquerda: Os canais vermelho, verde e azul na imagem RGB formam a imagem final colorida. Aqui, as áreas de luz acrescentadas às áreas coloridas e escuras são neutras; por isso, o quadrante vermelho na camisa aparece preto nos canais verde e azul, uma vez que nenhuma luz foi acrescentada a esses locais. O fundo branco é feito com cores sólidas vermelhas, verdes e azuis.

Modos de cor

À direita: Cores impressas utilizam tintas ciano, magenta e amarelo para criar diferentes tonalidades. Acrescenta-se preto apenas para dar profundidade e criar áreas de sombra.

O problema só aparece quando você digitaliza fotografias coloridas. Todos os escâneres, assim como os monitores, trabalham em RGB, mas fica a cargo do usuário reconhecer as cores que estão "fora do gama" (isto é, que não podem ser impressas em CMYK) e tirar a saturação ou alterá-las. Ao trabalhar com Photoshop, é comum ver que seu trabalho de repente parece sem graça quando se troca o modo de RGB para CMYK – não se trata de uma deficiência do Photoshop, mas uma tentativa de mostrar como seu trabalho ficará quando impresso. Felizmente, o Photoshop emprega um modo especial Visualização em CMYK, que simula como as cores ficarão quando impressas, permitindo que você faça os ajustes necessários.

A pouca extensão das impressões a tinta em CMYK (também conhecidas como "cores processadas") é particularmente aparente ao se comparar,

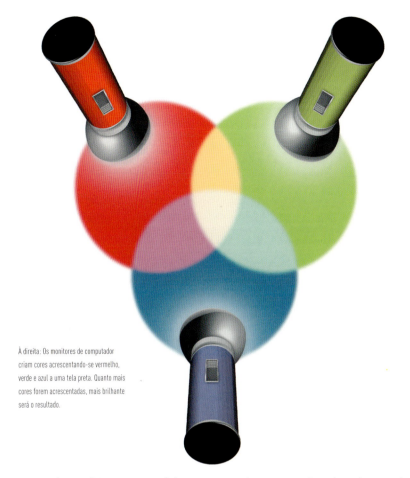

À direita: Os monitores de computador criam cores acrescentando-se vermelho, verde e azul a uma tela preta. Quanto mais cores forem acrescentadas, mais brilhante será o resultado.

por exemplo, uma pintura com sua versão impressa em livro ou cartão postal. O processo de impressão em cores pode permitir que uma impressora CMYK se aproxime de um amplo espectro de cores; porém, é apenas uma aproximação e há momentos em que a comparação deixa muito a desejar.

Um fato interessante é a sobreposição que ocorre quando as cores são mescladas. As luzes vermelha e azul geram a amarela; azul e verde geram ciano; vermelha e verde geram magenta. O oposto é verdadeiro para as cores CMYK: magenta e amarelo formam vermelho; ciano e amarelo formam verde; magenta e ciano formam azul. Como mostram os exemplos nesta página, os modelos RGB e CMYK são sistemas de cores quase diametralmente opostos: o primeiro é "aditivo" e o segundo, "subtrativo".

LONGE DE SEREM INFALÍVEIS, os computadores apenas cometem erros mais previsíveis que nós. E em nenhum outro lugar isso é tão certo quanto na representação digital das cores. Com o software, é fácil criar qualquer cor que se desejar, mas isso não significa que o que se vê no monitor será reproduzido com precisão em qualquer outro lugar, principalmente na impressão.

Gerenciamento de cores

Cada programa tem sua maneira de lidar com as cores, e todo dispositivo digital é suscetível às próprias imprecisões. O gerenciamento da cor procura compensar essas diferenças e combinar as cores com a maior precisão possível.

O Consórcio Internacional de Cores (International Color Consortium – ICC) é um órgão criado para pesquisar a tecnologia de cores e manter os padrões internacionais acordados. Seus esforços estão concentrados na versão do espaço de cores. Na página anterior, vimos como o sistema RGB usado no monitor difere da impressão CMYK. Na verdade, juntamente com as várias maneiras de se representar a cor, existem muitos e variados modelos RGB e

Determine your display's native response

This is the first of five steps used to determine the display's native luminance response curves.

Move the left slider until the brightness of the grey shape in the middle matches the backgrounds as much as possible. Move the right slider until the shape is neutral compared to its background. It may help to squint or sit back from the display.

After you have done this step, click the Continue button.

(Go Back)   (Continue)

À esquerda: Ajustar o hardware e o perfil dos dispositivos é o mais indicado, mas aqui estamos usando o Assistente de Calibrador de Tela, da Apple, no Modo Profissional. Ele guia o usuário por uma série de etapas para definir o perfil ColorSync correto. É acessado a partir dos controles Tela, no System Preferences do Mac.

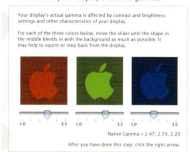

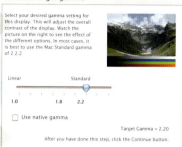

Acima, à esquerda: Os controles deslizantes ajudam a determinar a resposta da luminância original. Sente e olhe de soslaio enquanto desliza os controles até que seja difícil identificar a maçã. Existem cinco níveis diferentes de brilho para trabalhar.

Acima, à direita: Gama refere-se à posição do ponto médio entre o branco e o preto e como a tela o reproduz. Alterar esses valores desequilibra a exposição em direção a tonalidades mais claras ou mais escuras. A gama existente no monitor é determinada de acordo com o cursor. O Mac tinha por padrão um gama 1.8 que condiz com a impressão, enquanto o PC utiliza 2.2. Agora ambos utilizam gama 2.2 por padrão. Utilizar um gama mais baixo vai suavizar os tons médios.

Abaixo, à esquerda: A temperatura de cor refere-se a uma tendência geral ao azul como a cor mais "fria" da escala e ao vermelho como a mais "quente". Alterar o ponto branco causa efeito similar ao da visualização dos materiais sob iluminação diferente. A maioria dos monitores é calibrada para valores muito frios (altos), mas uma calibragem mais quente vai refletir melhor a aparência de uma visualização à luz do dia.

Abaixo, à direita: Após ser nomeado, é mostrado um sumário com as alterações. Você pode, então, alternar à vontade perfis diferentes. É fácil estabelecer perfis dessa forma, mas não recomendamos utilizar um dispositivo de calibração de software para níveis profissionais de precisão de cores.

REFERÊNCIAS TÉCNICAS

Gerenciamento de cores

CMYK. O ICC definiu um modelo chamado CIE-Lab como "espaço de conexão" fundamental.

Por causa de seu gama ser amplo o bastante para abranger a maior parte dos espaços RGB e CMYK, os valores de cores utilizados por praticamente todos os dispositivos podem ser vertidos com precisão no CIE-Lab, conquanto o software que realiza a conversão forneça informações específicas sobre o dispositivo. Essa informação é fornecida de uma forma padrão, conhecida como perfil de entrada. De modo similar, os valores de cor do CIE-Lab podem ser vertidos para todos os dispositivos que utilizam um perfil de saída.

Uma vez que você dispõe dos perfis para todo o seu equipamento, em teoria é possível manter uma cor precisa. Imagens capturadas por escâneres ou câmeras digitais podem ser convertidas, através do sistema de gerenciamento de cores, para o espaço de trabalho do seu software. Enquanto você trabalha, os dados das imagens permanecem arquivados nesse formato, mas aparecem no monitor convertidos em RGB. Se imprimi-las, as cores serão vertidas no espaço de cor CMYK da impressora. Quando os clientes recebem seu trabalho e o verificam na tela, ele é convertido no espaço de trabalho do software deles, dentro do espaço RGB de seus monitores. Por

Á direita: As temperaturas de cor muito altas, geralmente aplicadas em monitores, como 9.300 K (à direita), tendem a fazer com que as imagens pareçam azuladas e levemente desbotadas. Temperaturas mais quentes, como as de pré-impressão padrão D65 (ao lado), oferecem uma simulação melhor na saída de impressão, mas podem parecer amarelas demais para olhos acostumados à configuração da tela.

fim, seu trabalho artístico é convertido no espaço de cores CMYK da impressora. A aparência das cores tem de ser a mesma durante todo o processo.

Em princípio isso funciona bem, mas vai depender de que todos os dispositivos tenham um perfil ICC acurado, e que o software esteja configurado corretamente. Isso é difícil. A maioria dos dispositivos de imagem vem com perfis ICC, mas eles são genéricos; descrevem as características do hardware como foi projetado, não segundo as especificidades de cada unidade. O único meio de garantir a precisão é criar perfis calibrados para seus próprios dispositivos e atualizá-los, para dar conta de todas as variações que surgirem. Isso requer outro software e habilidade. Você terá de compreender os recursos do gerenciamento de cores do seu software para configurá-los para que aperfeiçoem a conversão de cores, em vez de tornar o processo ainda mais complexo.

Em todo caso, mesmo o mais perfeito gerenciamento de cores não é capaz de garantir resultados perfeitos. Os clientes podem receber seu trabalho cuidadosamente ajustado e dar a saída sem nenhum tipo de gerenciamento de cores. Se a imagem for destinada à impressão, o gama limitado da saída CMYK sempre vai impedir que determinadas cores apareçam com precisão. Na internet, trabalhos para serem vistos na tela dependem totalmente do hardware e do software utilizados pelos usuários.

Na prática, a maioria dos ilustradores se contenta em ajustar as cores do monitor a olho nu. Assim, podem ficar razoavelmente confiantes ao ver as cores corretas na tela e usar os perfis fornecidos com quaisquer outros hardwares imagináveis que possam vir a utilizar, como escâneres e impressoras coloridas. O gerenciamento de cores ICC é processado em Macintosh pelo ColorSync da Apple; no Windows ele roda pelo ICM da Microsoft. Também está implementado na maioria dos programas gráficos profissionais.

FORMATOS DE ARQUIVO Uma das vantagens de trabalhar digitalmente é que você pode arquivar o trabalho de uma vida toda, incluindo os primeiros rascunhos e várias versões, em um espaço menor que uma caixa de sapatos. Entretanto, ainda é importante pensar bem sobre como exatamente você vai arquivar e, quando enviar um trabalho ao cliente, precisa ter certeza de que procedeu de modo que ele possa usá-lo.

Formatos de arquivos

Existem muitos tipos diferentes de arquivos bitmap, vetorial, 3D e de animação. Eles são categorizados em três grupos: formatos nativos, de transferência e de saída. Arquivos nativos armazenam dados específicos para o programa que você está utilizando, em geral incluindo uma grande quantidade de informações além da imagem. Por exemplo, quando você salva o arquivo em formato PSD, todas as camadas, máscaras, canais, demarcadores e guias no documento atual, para que tudo esteja presente e intacto quando você carregá-lo de novo.

Poucos programas diferentes seriam capazes de compreender todos esses componentes, e eles não são necessários para a visualização. Por isso, em geral você deve salvar e enviar seus trabalhos finalizados em um formato mais simples, contendo apenas os dados da imagem. Se precisar importar seu trabalho em um aplicativo diferente com perda de algumas características da imagem (como os canais alfa), utilize um tipo de arquivo padrão capaz de armazenar, de uma forma bastante legível, uma quantidade limitada de informações sem imagem. Isso é um formato de transferência.

Apesar de ser cada vez maior a capacidade de armazenamento dos computadores e das mídias, arquivos de imagens ainda podem ser um tanto

Comparação entre formatos de arquivo de imagem comuns

FORMATO	BITMAP/VETOR	COMPRESSÃO	CARACTERÍSTICAS A C D	ADEQUABILIDADE C T S I
	VECTOR		A C D	C T S I
AI	Vetor	n/d	N S S	S S N X
EPS	Ambos	Nenhuma	N N S	S S N S
GIF	Bitmap	Com perda*	N N N	N N S N
JPEG	Bitmap	Com perda	N N S	S N S S
PNG	Bitmap	Sem perda	N N N	N S S N
PSD	Bitmap	Sem perda	S S S	S X N N
TIFF	Bitmap	Sem perda	S S S	S S N S

*O GIF reduz a profundidade de cor para 8 bit, mas não apresenta mais perdas.

Legenda

S = sim, N = não, X = às vezes

Legendas das características:

A = canais alfa, C = camadas,

D = demarcadores

Legendas para adequabilidade:

C = CMYK, T = transferência,

S = qualidade para tela (como a web),

I = qualidade de impressão

complicados. Arquivos vetoriais são os menores e, em geral, ocupam poucas centenas de kilobytes. Um bitmap de Photoshop com múltiplas camadas para uma ilustração de página inteira, por outro lado, pode ultrapassar 100 MB. Mesmo que você tenha espaço suficiente para lidar com esse tipo de arquivo, transferi-los é um problema: um arquivo de 100 MB pode levar meia hora para carregar por uma conexão de banda larga, e praticamente nenhum serviço de e-mail vai aceitá-lo como anexo.

A solução é compactar. Utilizando diversos processos matemáticos, os dados contidos em um bitmap podem ser representados com mais eficiência. Por exemplo, uma série de pixels idênticos pode ser descrita armazenando-se uma só vez o valor de cor, mais o número de ocorrências. Isso é conhecido como compactação sem perdas e utilizado por muitos formatos nativos e de transferência, incluindo o PSD e o TIFF. Pode-se usar a compactação sem perdas para salvar arquivos que você pode querer trabalhar novamente, incluindo cópias de segurança (backup) para arquivamento, desde que o formato de arquivo escolhido acomode todas as características do documento que precisa manter para poder editá-lo.

Para gerar arquivos ainda menores, permitem-se compactações mais potentes para descartar alguns dados. Os métodos foram elaborados para preservar os valores dos pixels que têm maior impacto sobre a aparência, por isso a quantidade descartada é desproporcional ao impacto sobre a qualidade de imagem. Arquivos podem facilmente ser reduzidos a um quinto do tamanho, e em geral mais. Essa compactação com perdas é adequada apenas em formatos de saída, pois a qualidade da imagem diminui cumulativamente se você carregar e salvar o arquivo repetidas vezes. Ao trabalhar, é mais seguro ficar com TIFF ou PSD. JPEG é o formato mais popular de perda, e oferece uma escala de níveis de qualidade.

Apesar de os arquivos vetoriais serem mais simples do que os bitmaps, existem formatos não nativos menos satisfatórios. O EPS costuma ser o único formato confiável para vetores gráficos, mas o PDF é hoje uma boa opção amplamente compatível. O formato de arquivo nativo (AI) do Adobe Illustrator baseia-se no formato PDF.

Com fotos em movimento, a compactação é quase inevitável, uma vez que o montante necessário de dados seria grande demais sem ela. Formatos vetoriais como o Flash resolvem isso com habilidade, mas o material em bitmap precisa ser compactado usando-se um dos diversos codecs (compactador/descompactador). Em geral eles são assimétricos, o que significa que necessitam de mais processamento para a compactação (pode levar um bom tempo) do que para a descompactação, o que na maioria dos casos ocorre em tempo real, conforme o filme é exibido. Técnicas avançadas de compactação podem requerer softwares caros e um hardware adicional, mas muitos codecs bons contam com os programas mais utilizados de edição de vídeo. Sua escolha vai depender do formato de entrega do arquivo, que deve ser especificado pelo cliente. Um website, por exemplo, pode especificar o formato Apple QuickTime codificado em h.264 em compactação média.

Guia de pronúncia do formato de arquivo

Antes de discutir formato de arquivos com clientes, você precisa ter em mente e na ponta da língua todos os acrônimos.

Nome	Significado	Pronúncia
EPS	Encapsulated PostScript	"E-pe-esse"
GIF	Graphics interchange format	"Guiff" *
TIFF	Tagged image file format	"Tiff"
JPEG	Joint Photographic Experts Group	"Jota-peg"
MPEG	Moving Picture Experts Group	"Eme-peg"
PNG	Portable network graphic	"Ping"

* Oficialmente "jiff", mas pronunciado dessa maneira.

Formatos de arquivos

Salvo como um TIFF descompactado, essa imagem de qualidade máxima em padrão de cor 24 bit ocupa 844 K no disco.

Com um compactador LZW no formato TIFF, o tamanho do arquivo é reduzido para 536 K sem perda da qualidade.

Salvo em formato JPEG com nível de qualidade 10, próximo ao máximo da escala, a imagem foi reduzida para 204 K sem perdas evidentes.

Com qualidade JPEG nível 5, o tamanho do arquivo cai para 148 K. As imprecisões começam a ficar visíveis nas bordas e nas áreas escuras.

Como GIF, a imagem utiliza apenas 168 K, mas esse formato de 8 bit de profundidade de cor não dá conta de mudanças sutis de tons, como as do fundo.

Aplicar ruído ao GIF (como um tipo de retícula aleatória) suaviza as transições, mas torna os pontos visíveis e aumenta o tamanho para 212 K.

Com qualidade 0, esse JPEG 116 K não parece tão ruim quanto se esperava, mas não serve para publicação.

REFERÊNCIAS TÉCNICAS

O ADOBE PHOTOSHOP vem com uma enorme série de "filtros" – alterações de imagens a partir de caixas de diálogo, que mostram uma pré-visualização das imagens filtradas, juntamente com um conjunto de controles que alteram a intensidade e o tipo de efeito. Muitos desses filtros são para uso especializado, produzindo resultados artísticos e, às vezes, engraçados. Alguns, entretanto, serão necessários com mais frequência.

Filtros essenciais do Photoshop

Os dois conjuntos de filtros mais importantes no dia a dia são Tornar Nítido e Desfoque. O primeiro é utilizado para acrescentar contraste e definição a imagens homogêneas – a maioria das fotografias digitalizadas pode ter aumento de qualidade com o uso equilibrado da nitidez. Embora haja filtros Tornar Nítido e Tornar Mais Nítido mais simples, os melhores resultados são obtidos utilizando o curioso filtro Máscara de Nitidez. Esse filtro compara cada pixel com seu vizinho, usando os parâmetros dos controles para alterar a intensidade de nitidez. De modo semelhante, embora existam os filtros Desfoque e Desfoque Maior, o Desfoque Gaussiano oferece resultados mais precisos. Outros filtros Desfoque incluem Desfoque de Movimento e Desfoque Radial; este pode ser ajustado para produzir tanto um efeito de movimento giratório quanto de ampliação.

Os filtros Desfoque são comumente utilizados para remover ruídos indesejáveis como, por exemplo, o padrão moiré causado pela digitalização de imagens impressas e a granulação criada quando as imagens (tipicamente aquelas capturadas pelas câmeras digitais) são compactadas demais para adequá-las à mídia em que serão armazenadas. Uma série de filtros encontrados na categoria Ruído também pode auxiliar nessa tarefa.

Ao lado:

1. Essa é a imagem original do globo, sem nenhum filtro aplicado.

2. Aplicação do filtro Máscara de Nitidez em 100% com um raio de 2 pixels. Esse ajuste é suficiente para evidenciar os detalhes no globo, facilitando a leitura do texto.

3. Com o filtro Máscara de Nitidez ajustado em 300% com um raio de 5 pixels, o efeito é intensificado. Ainda que funcione bem em determinadas áreas (o pedestal, por exemplo, agora está brilhante e reluzente), as cores no globo se tornaram saturadas, e a imagem começa a parecer artificial.

4. Aqui utilizamos os mesmos ajustes do exemplo anterior, mas aumentamos o filtro Threshold de 0 para 40. Isso mantém a nitidez onde ela é necessária e torna o texto mais legível, porém diminui a nitidez em áreas com cores planas.

REFERÊNCIAS TÉCNICAS

Filtros essenciais do Photoshop

1. O filtro Desfoque pode ser utilizado para dar vida a imagens estáticas. Aqui, utilizamos um par de filtros Desfoque para dar movimento a esse carro esportivo. O carro, incidentalmente, está em uma camada diferente da do fundo; assim, o filtro afeta apenas esse elemento.

2. Aplicando o Desfoque de Movimento, o carro todo parece correr rápido demais para ser visto com nitidez, transmitindo uma sensação de movimento.

3. Quando é aplicado o filtro Desfoque de Movimento em uma cópia da camada do carro, utilizamos a Máscara de Camada para selecionar partes ocultas do filtro desfocado, deixando que o carro original surja através deste.

4. Um toque final é acrescentar o filtro Desfoque Radial à roda da frente, que parecia muito estática. Agora, ela gira na velocidade do carro.

1. Essa é uma típica imagem capturada com câmera digital.
2. A granulação (exagerada aqui para mostrar o efeito) é criada pela compactação do JPEG da imagem original.
3. O filtro Desfoque Gaussiano, usado aqui com um raio de 2 pixels, suaviza a granulação, mas agora a imagem toda parece turva.
4. O filtro Mediana (também aplicado com raio de 2 pixels) tem efeito semelhante, mas as arestas duras, como o distintivo do boné, continuam nítidas.
5. O filtro Poeira & Rabiscos visa remover marcas de fotografias antigas – mas aqui, ainda com um raio de 2 pixels, suaviza a granulação sem manchar as extremidades.

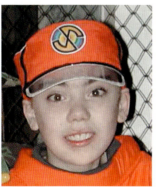
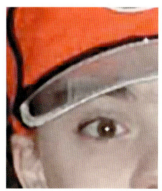

Filtros Artísticos

O filtro Pincel a Seco cria o efeito de que a imagem foi desenhada utilizando-se traços livres a lápis em um fundo cinza.

O filtro Afresco reproduz o efeito de uma imagem pintada sobre gesso molhado.

Toques de Tinta cria um efeito de pintura rústica, empregando várias texturas.

Plastificação faz com que o objeto pareça encoberto por polietileno. Ele também é útil na criação de efeitos líquidos e vidrados.

Esponja acrescenta uma textura aderente e aleatória, como se tivesse sido pintada com uma esponja natural.

Arestas Posterizadas sobrepõe à imagem o efeito de uma fotocópia desgastada, aumentando a granulação.

Filtros de Distorção

O filtro Sucção puxa a imagem em direção ao centro, resultando em um efeito oposto ao de Esferizar.

Esferizar faz com que o objeto pareça ter sido fotografado com uma lente olho de peixe. É útil para fazer com que os objetos pareçam esféricos, como transformar imagens de pedras em planetas.

Zigue-zague aplica distorções onduladas, fazendo com que pareça que foram aplicados ao objeto múltiplos filtros Redemoinho com raios diferentes. É útil para criar efeitos de ondulação na água.

Redemoinho desfigura um objeto, produzindo um efeito mais intenso no centro que nas extremidades. Utilize-o para dar impressão de movimento às rodas.

Vidro faz com que o objeto pareça ter sido fotografado através de uma janela com vidro pontilhado.

Coordenadas Polares cria um objeto que se parece com o original se visto como refletido por um espelho cilíndrico localizado em seu centro. É útil para curvar objetos retos.

REFERÊNCIAS TÉCNICAS

Filtros de Pixelização

Meio-Tom em Cores simula os efeitos de uma impressão em quatro cores. Posicionando todas as cores no mesmo ângulo na tela, uma imagem pode ser convertida em uma matriz de pontos irregulares.

Cristalizar cria uma matriz de formas aleatórias e de cor única que segue os tons da imagem original.

Meia-Tinta simula o efeito produzido por antigas técnicas de impressão, antes das telas de retícula terem sido inventadas.

Mosaico produz um efeito bitmap exagerado, como se um objeto muito pequeno tivesse sido bastante ampliado. É usado para simular imagens vistas na tela.

Pontilhar simula a técnica pioneira de pintura de pontos de Seurat e de outros pintores do pontilhismo.

Fragmentar cria múltiplas cópias sobrepostas da mesma imagem, como se o objeto tivesse sido chacoalhado violentamente enquanto era fotografado.

Filtros de Croqui

Baixo Relevo faz com que o objeto fique como se tivesse sido esculpido em uma pedra ou superfície plana.

Giz & Carvão faz com que um objeto pareça ter sido desenhado com esses materiais. A cor em primeiro plano é aplicada às áreas escuras e a de fundo, às claras. Aquelas entre as duas são preenchidas com meios-tons de cinza.

Crayon Conté simula desenhos com crayons sobre uma superfície texturizada. Pode-se utilizar qualquer imagem em tons de cinza para a textura de fundo.

Papel de Carta cria um efeito limiar como se o objeto tivesse sido feito em um papel texturizado.

Fotocópia faz com que o objeto fique como se uma fotografia dele tivesse sido fotocopiada. A cor de primeiro plano é a cor da tinta, a do fundo é a cor do papel.

Papel Molhado simula o efeito de uma pintura sobre uma superfície texturizada e absorvente, como se a pintura tivesse corrido por sobre as fibras do papel.

REFERÊNCIAS TÉCNICAS

Filtros de Estilização

Difusão deixa rústicas as bordas dos objetos, tanto internas quanto externas.

Entalhe destaca as linhas de contorno entre as áreas claras e escuras em um objeto, como se tivessem sido impressas no papel e fortemente iluminadas pela lateral.

Extrusão faz com que o objeto pareça ter sido feito com blocos ou pirâmides que se disseminam a partir do centro. A altura e a quantidade de blocos são controláveis.

Arestas Brilhantes seleciona apenas as bordas entre as áreas iluminadas e escuras e faz com que aparentem ter sido feitas de neon.

Ladrilhos fazem com que o objeto aparente ter sido feito de azulejos postos de forma irregular em um mosaico retangular.

Vento cria linhas horizontais, produzindo um efeito desfocado estilizado.

Filtros de Textura

Craquelê simula o efeito craquelê de pinturas antigas.

Granulado faz com que o objeto pareça ter sido impresso sobre uma superfície desgastada. Podem ser empregados diversos tipos de grãos.

Ladrilhos do Mosaico dá a impressão de que o objeto foi construído com azulejos irregulares danificados, unidos com rejunte preto.

Bordado faz com que o objeto pareça ter sido costurado no estilo vitoriano.

Vitral fragmenta um objeto como se fosse um vitral, com as cores principais em cada painel.

Texturizador aplica qualquer imagem em tons de cinza como uma textura sobre a imagem, como se ela estivesse sendo iluminada desde a lateral.

REFERÊNCIAS TÉCNICAS

Glossário

4 bit Distribuição de quatro dados em bits para cada pixel, gerando uma imagem ou exibição na tela de 16 tons de cinza ou cores.

8 bit Distribuição de oito dados em bits para cada pixel, gerando uma imagem ou exibição na tela de 256 tons de cinza ou cores.

16 bit Dispositivo em alguns aplicativos de edição de imagem, como o Photoshop, que permite que você trabalhe com imagens no modo 16 bit por canal em vez de 8 bit. Imagens RGB usam três canais 8 bit (totalizando 24 bits), enquanto as imagens CMYK utilizam quatro canais de 8 bits (32 bits). Uma imagem de 16 bit por canal oferece melhor controle sobre as cores, mas o arquivo final é muito maior.

24 bit Distribuição de 24 bits para cada pixel, gerando uma imagem na tela de 16,7 milhões de cores.

Animação Processo que cria uma imagem de movimento rápido de uma imagem estática a outra.

Aplicativos de desenho Software usado para criar gráficos a partir de um arranjo complexo de objetos, definidos por vetores.

Aplicativos de pintura Aplicativos que utilizam bitmaps para criar imagens em vez de vetores.

Área da imagem Área dentro de um documento gráfico finalizado e que uma imagem particular ou grupo de imagens vão preencher.

Áreas de sombra Áreas de uma imagem que são mais escuras ou mais densas.

Artefato Falha visível em uma imagem preparada eletronicamente, em geral resultante da técnica utilizada.

Banco de imagens Fonte de cromos e fotografias originais que podem ser utilizadas para basicamente qualquer propósito, mediante o pagamento de uma taxa. O valor varia conforme o uso.

Bit Abreviação de dígito binário. A menor parte de uma informação utilizada pelo computador. É expressa em um ou dois valores: 1 ou 0.

Bitmap Imagem formada a partir de uma matriz de pixels, cada uma com seu próprio valor de cores específico.

Byte Um único grupo formado por 8 bits individuais (0s e 1s) de dados, que pode ser processado junto como uma única unidade.

CAD abreviação de "computer aided design" (desenho assistido por computador). A rigor, qualquer projeto executado com o uso de um computador, mas em geral utilizado como referência de projeto técnico em 3D.

Cadência Velocidade em que os quadros individuais de uma animação são substituídos por outros – isto é, a velocidade em que a animação é exibida. Em geral, é especificada em quadros por segundo.

Calibração Processo que ajusta uma peça de hardware de acordo com uma escala para que atue com maior precisão.

Camada Em alguns aplicativos e páginas da web, um nível em que você pode reservar um elemento do desenho que está fazendo, permitindo trabalhar nele independentemente do resto da imagem.

Canal alfa Canal em tons de cinza contendo informações relativas à transparência dos pixels. Em arquivos de imagem ele é separado – em acréscimo aos três canais RGB ou quatro canais CMYK – onde as máscaras são salvas.

Captura Ação de obter uma imagem em formato digital ao fotografar, digitalizar uma imagem ou captar uma imagem utilizando um capturador de quadros.

Chanfro Extremidade chanfrada aplicada ao tipo, botões ou seleções como um efeito em 3D.

Cinemática inversa Método de animação de estruturas que forma ligações em cadeia, como em um movimento de braço. O posicionamento de todos os elementos na cadeia – por exemplo, antebraço, cotovelo, braço – é computado para se adequar à posição do elemento final, a mão.

Cinza Tom neutro no espectro entre preto e branco, sem nenhuma outra cor.

Clip art / clip media Coleções geralmente com direitos livres de fotografias, ilustrações, dispositivos de design e outros objetos multimídia – incluindo filmes, músicas e modelos em linha em 3D – planejados para ser usados em outros projetos.

CMYK Abreviação em inglês de ciano, magenta, amarelo e preto. As quatro cores do processo de impressão baseadas no modelo de cores subtrativas (preto é representado pela letra K, em referência à chapa-chave, *key plate*). Na reprodução de cores a maioria delas é criada a partir do ciano, magenta e amarelo; em teoria, quando as três são combinadas, produzem o preto. Entretanto, isso é difícil de ocorrer e, em geral, indesejado – a tinta preta oferece melhores resultados, e caso contrário seria usada muito CMY e o tempo de secagem seria maior.

Colagem Imagem montada a partir de elementos obtidos de diferentes fontes. Originalmente utilizado para descrever peças produzidas com a colagem de imagens, por exemplo, recortes de revistas ou amostras de tecido. O termo é agora utilizado para descrever imagens montadas em um software de edição de imagens digitais, em que as diversas origens dos diferentes componentes permanecem óbvias. Também é conhecida como montagem ou, no caso de assuntos fotográficos, fotomontagem.

Compactação Técnica de reagrupar os dados de forma que ocupem menos espaço no disco e aumentem a quantidade de transferência entre dispositivos ou pela internet.

Compressão com perda Método de compactação de arquivo em que alguns dados podem ser irremediavelmente perdidos durante o processo. Isso pode resultar em queda da qualidade ou da aparência dos artefatos digitais em uma imagem.

Compressão sem perda Método de compactação de arquivo em que nenhum dado é perdido durante o processo, o que significa que a qualidade é mantida.

Cor indexada Modo de imagem com no máximo 256 cores, usado em alguns aplicativos (como o Adobe Photoshop) para reduzir o tamanho do arquivo ou imagens RGB, para que possam ser utilizadas em apresentações multimídia ou em páginas da web. É obtida comparando-se, em uma imagem com uma tabela de cores indexadas (CLUT), as cores usadas. Se a cor na imagem não aparece na tabela, o aplicativo seleciona a cor mais próxima ou a simula, organizando as cores disponíveis em um padrão.

Cores primárias Cores puras a partir das quais, teoricamente, todas as outras podem ser mescladas. Na impressão, são os pigmentos primários "subtrativos" (ciano, magenta e amarelo). As cores primárias de luz, ou "aditivas", são vermelho, verde e azul.

Correção de cores Processo de ajuste do valor das cores durante a reprodução, com o intuito de se obter o resultado desejado.

Correção de gama Modificação dos meios tons de uma imagem pela compactação ou expansão do alcance, alterando assim o contraste.

Curva de Bézier Curva cuja forma é definida por um par de "linhas direcionais" em cada extremidade. Estas especificam a direção e a velocidade em que a curva parte ou se aproxima do ponto final correspondente. Ao manipular as linhas, você pode alterar o formato da curva.

Definição A qualidade total (ou limpidez) de uma imagem, determinada pelo efeito subjetivo combinado de granulação – ou resolução em uma imagem digital – e nitidez.

Demarcador de corte Contorno Bézier que define qual área de uma imagem deve ser transparente ou aparada. Isso permite que você isole o objeto em primeiro plano e é especialmente útil quando as imagens têm de ser posicionadas sobre outro fundo.

Densidade Escuridão do tom ou da cor em uma imagem. Em um

GLOSSÁRIO

Glossário

filme fotográfico ela se refere à quantidade de luz que pode passar através dele, determinando a escuridão das sombras e a saturação da cor.

Dessaturação Redução da força ou da pureza de uma cor em uma imagem, fazendo com que pareça mais cinza.

Destaques Marcam um item como, por exemplo, uma parte de um texto, ícone ou menu de comando, para indicar se está selecionado ou ativo.

Digitalização de imagem Processo eletrônico que converte a cópia física de uma imagem em digital, mediante a exposição sequencial a um feixe de luz em movimento – por exemplo, o laser.

Direitos autorais Direitos que uma pessoa tem de proteger um trabalho original que produziu, controlando como e onde ele pode ser reproduzido. Note que deter a propriedade do trabalho não significa automaticamente a propriedade de deter os direitos autorais e vice-versa: o direito autoral só é transferido se o criador do trabalho assinar um termo por escrito.

Direitos autorais livres Termo impróprio utilizado para descrever fontes prontas como clip art. Na verdade, essas fontes raramente ou nunca têm direitos de uso livres: na maioria dos casos, apenas a licença de uso do material é garantida pela compra. A descrição correta seria royalty free (sem pagamento de direitos autorais): material utilizado, sob licença, sem pagamento adicionais ou royalties.

Dispositivo de imagem Termo geral para descrever toda peça especializada de um equipamento que captura uma imagem de um original, como um escâner ou câmera, ou que gera uma imagem a partir de um original previamente capturado.

EPS Abreviação de Encapsulated PostScript. Formato de arquivo gráfico padrão usado, em princípio, para armazenar objetos orientados, gráficos vetoriais gerados por aplicativos de desenho como Adobe Illustrator ou Freehand.

Exportar Recurso presente em muitos aplicativos que permite que se salve um arquivo em um formato de modo que possa ser utilizado em outro aplicativo ou sistema operacional diferente.

Faixa de densidade Alcance máximo de tonalidade em uma imagem, medido pela diferença entre as densidades máximas e mínimas (os tons mais claros e mais escuros).

Ferramenta Conta-gotas Em alguns aplicativos, uma ferramenta para graduar a cor dos pixels adjacentes.

Filtro Componente de um aplicativo que processa ou converte dados. Em aplicativos gráficos, o termo é empregado para descrever os recursos usados para aplicar efeitos especiais a imagens.

Flash Software de propriedade do Adobe, dedicado à criação de gráficos vetoriais e animações para apresentação na web. O Flash gera arquivos pequenos, rápidos para baixar e, sendo vetores, são escalonáveis em qualquer dimensão sem aumento no tamanho do arquivo.

Formar sombra Luz projetada do fundo por trás de uma imagem ou personagem, com o intuito de destacá-lo da superfície.

Formato de arquivo Modo como o programa organiza os dados para que possam ser armazenados ou mostrados em um computador. Formatos de arquivos variam de formatos únicos e peculiares (para aplicações específicas) até formatos padrão, reconhecidos por muitos programas de software diferentes.

Formato paisagem Imagem ou formato de página no qual a largura é maior que a altura. Também chamado de "formato horizontal".

Formato retrato Imagem ou página em formato vertical.

Fotografia digital Processo de se capturar uma imagem usando uma câmera digital. O termo também pode se referir à manipulação da imagem fotográfica no computador.

Fractal Formas infinitamente variáveis, em geral caracterizadas pela extrema irregularidade e definidas por expressões matemáticas complexas e precisas. Alguns filtros do Photoshop fazem uso extenso de fractais matemáticos padronizados, possibilitando aos usuários fazerem gráficos bem elaborados a partir do zero, utilizando elementos de imagem para criar padrões.

Fundo A área de uma imagem em que o objeto principal fica em primeiro plano.

Gama Medida do contraste em uma imagem digital, filme fotográfico (ou papel) ou técnica de processamento.

Gerenciamento de cores Método criado para oferecer precisão e coerência à representação das cores em todos os dispositivos de sua cadeia de reprodução.

GIF Acrônimo de "Graphics Interchange Format". Um dos principais formatos de imagem em bit usados na internet. Um formato 256 color com duas especificações, GIF87a e, mais recentemente, GIF89a, sendo que este oferece recursos adicionais, como fundos transparentes. O formato GIF utiliza uma técnica de compactação sem perdas e, por isso, não comprime os arquivos tanto quanto o formato com perdas JPEG.

GIF animado Arquivo GIF que contém mais de uma imagem. Muitos programas, incluindo os navegadores da web, mostram uma imagem de cada vez, produzindo uma animação. É o único formato de arquivo para sequências animadas que não depende da presença de um plug-in de navegador para reproduzir em páginas da web.

GIF transparente Recurso do formato de arquivo GIF89a que permite que se posicione uma imagem não retangular diretamente sobre o fundo colorido de uma página da web.

Graduação/gradação Transição contínua e suave de uma cor ou tonalidade a outra.

Gráfico Termo generalizado que descreve qualquer ilustração ou desenho.

HSL Abreviação de matiz, saturação e luminosidade, um modelo de cor baseado na luz transmitida tanto em uma imagem como no monitor. Matiz é o espectro de cor (o pigmento de cor real); saturação, a intensidade do pigmento de cor (sem adição de preto ou branco) e o brilho representa a intensidade da luminância desde a luz até a escuridão (quantidade de preto ou branco existente).

Ícone Representação gráfica de um objeto (como disco, arquivo, pasta ou ferramenta), utilizada para facilitar a identificação.

Imagem digital Imagem convertida ao domínio digital ou nele criada. Os elementos da imagem são representados por pixels com cores discretas e valores de brilho.

Imagem raster Imagem definida como fileiras de pixels ou pontos.

Importar Trazer texto, fotografias ou outros dados para dentro de um documento.

Interpolação Cálculo por computador, usado para estimar valores desconhecidos que se encontram entre os já determinados. Um dos usos desse processo é redefinir pixels em imagens bitmap após elas terem sido modificadas de alguma forma – por exemplo, quando uma imagem é redimensionada (conhecido como "reamostragem"), girada ou se foram feitas correções de cor.

Interpolação de quadros Termo de animação para o processo de criação de quadros transitórios, para preencher os quadros intermediários entre os quadros-chave em uma animação.

Inversão Recurso de vários aplicativos por meio do qual uma imagem bitmap é revertida, de forma que os pixels pretos apareçam brancos e vice-versa, formando uma imagem negativa.

JPEG, JPG Abreviação de "Joint Photographic Expert Group", um grupo da Organização para Padronização Internacional (ISO) que define o padrão de compactação para arquivos de imagens coloridas em bitmap. A forma abreviada nomeia o formato do arquivo amplamente utilizado.

Glossário

Ladrilhar Repetição de um item gráfico, com itens posicionados lado a lado em todas as direções, de modo a formar um padrão igual aos ladrilhos.

Layout Mostra a aparência geral do desenho, indicando, por exemplo, a posição do texto e das ilustrações.

Linha-chave Linha de desenho indicando o tamanho e a posição de uma ilustração no layout.

LZW Abreviação de "Lemptel-Ziv--Welch": método de compactação sem perdas, amplamente suportado para imagens em bitmap.

Mapa de relevo Arquivo de imagem bitmap, normalmente em tons de cinza. Em geral utilizado em aplicativos 3D para modificar a superfície ou aplicar texturas. Os valores de cinza na imagem são atribuídos como valores de altura, em que o preto representa os mais baixos e o branco, os picos.

Máscara Porção selecionada de uma imagem, bloqueada para protegê-la de alterações durante todo ou parte do processo de edição de imagens.

Máscara de Nitidez Técnica tradicional de montagem de filme, utilizada para dar maior nitidez a uma imagem. Alguns aplicativos de edição de imagens contêm filtros que duplicam o efeito.

Matiz Espectro de cor pura que distingue uma cor de outra. Vermelho é um matiz diferente de azul e, ainda que o vermelho-claro e o escuro contenham grande quantidade de branco ou preto, ambos têm o mesmo matiz.

Meio-tom Intervalo de tonalidades em uma imagem, cobrindo a área entre o mais claro e o mais escuro, mas em geral referindo-se aos intermediários.

Mídia eletrônica Termo generalizado para descrever mídias que utilizam meios eletrônicos para disseminar e disponibilizar informações.

Miniatura Pequena representação de uma imagem usada com o propósito de seleção e de identificação.

Moiré Padrão indesejável que ocorre em reproduções em retícula, quando duas ou mais cores são impressas e os pontos na tela são posicionados em ângulos errados.

Monocromático Imagem de tons variáveis reproduzida em uma única cor, não necessariamente em preto e branco.

MPEG Abreviação de "Moving Picture Experts Group", organização encarregada de criar padrões para a representação codificada de áudio e vídeo digitais. Formado em 1988, o grupo produziu MPEG-1, padrão no qual o vídeo CD e o MP3 se baseiam; MPEG-2, padrão utilizado pela televisão digital e o DVD; e o MPEG-4, padrão para multimídia na web.

Multimídia Qualquer combinação de mídia digital – como som, vídeo, animação, gráficos e texto – incorporada em um produto de software ou em uma apresentação.

Multiplataforma Termo aplicado ao software que vai trabalhar em mais de uma plataforma de computador (Mac OS e Windows, por exemplo).

On-line Qualquer atividade realizada em um computador ou dispositivo enquanto estiver conectado a uma rede, incluindo a internet.

Orientação Direção da impressão em uma página, ou formato de uma imagem (retrato ou paisagem).

Paleta de cores Material impresso com amostras de cores, cuidadosamente definidas e avaliadas, a partir do qual você pode selecionar cores de destaque. As paletas de cores em geral seguem um modelo, como o PANTONE®, para que se tenha certeza de que a cor escolhida será fielmente reproduzida quando impressa.

PANTONE® Marca registrada do sistema Pantone Inc. de padrões de cores e requisitos de controle e qualidade, em que cada cor apresenta uma descrição de sua formulação (em porcentagem) para impressão posterior.

Perspectiva Técnica de renderização de objetos 3D em um plano 2D, em que a visão do "mundo real" é duplicada dando uma determinada ideia da posição e do tamanho relativos do objeto visto a partir de um ponto.

Peso da linha Espessura de uma linha ou regra em uma imagem.

Pixel Abreviação de "Picture element". O menor componente de qualquer imagem digital gerada, incluindo um texto. Um único ponto de luz na tela.

Pixelização ou serrilhado Termo utilizado para descrever uma imagem que foi fragmentada em blocos quadrados parecidos com pixels, dando uma aparência "digitalizada".

Plug-in Software, comumente desenvolvido por terceiros, que amplia a capacidade de outra peça de software. Plug-ins são comuns em aplicativos para edição de imagem e layout de página, oferecendo ferramentas especializadas ou filtros de efeitos únicos.

PNG Abreviação de "Portable Network Graphics". Formato de arquivo para imagens utilizadas na web que compacta sem perdas de 10% a 30%; suporta transparência variável através dos canais alfa, controles multiplataformas do brilho da imagem e entrelaçamento.

Pontos por polegada (dpi) Unidade de medida usada para representar a resolução de dispositivos como impressoras e fotocompositoras, e também, de forma incorreta, monitores e imagens na tela, em que a resolução deveria ser expressa em pontos por polegada (ppi).

Posterizar Dividir, por meios fotográficos ou digitais, uma imagem de tons contínuos em uma quantidade de tons planos predefinidos ou arbitrários.

PostScript Linguagem para descrição da página. O código PostScript informa a um dispositivo de saída como criar uma página a partir de vários textos e elementos gráficos.

Preenchimento Em aplicativos gráficos, refere-se ao conteúdo (como cores, tonalidade ou padrões) aplicado no interior de uma forma (inclusive personagens).

Profundidade do bit Quantidade de bits atribuída a cada pixel em uma tela ou imagem e que afeta a gama de cores que pode ser reproduzida.

Profundidade de cor Assim como profundidade de bits, a quantidade de bits necessários para definir a cor de cada pixel.

Profundidade de pixel Quantidade de matizes que um único pixel pode apresentar, determinada pelo número de bits usados para mostrar o pixel.

Quadro Um único quadro estático de um filme ou animação. É também uma única imagem completa de um filme televisivo.

Quadro-chave Um único quadro da animação ou do filme no qual a informação é guardada como referência, de modo que os subsequentes armazenem apenas mudanças no quadro-chave, em vez de armazená-la em cada um. Isso torna os arquivos de animação e de filmes menos pesados.

QuickTime Programa da Apple e extensão do sistema que permite que rodem tanto em Windows como no Mac OS para reproduzir arquivos de filmes e áudio, em particular na internet e em aplicativos multimídia.

Rascunho Desenho preliminar que mostra o projeto proposto. Também chamado de esboço ou croqui.

Rasterizar Converter uma imagem gráfica vetorial em bitmap. Isso pode provocar serrilhado ou pixelização, mas é com frequência necessário ao preparar imagens para a web.

Recorte (clipping) Ajustar qualquer parte de uma imagem aos limites de uma determinada área.

Recorte (crop) Aparar ou mascarar uma imagem, para que caiba em determinada área ou para descartar partes indesejadas da imagem.

Redimensionar Ajuste que altera o tamanho de uma imagem para reduzir proporcionalmente sua altura e largura.

Renderização final Última etapa de criação de uma imagem por computador depois de finalizada a edição ou a modelagem; mais comumente usada para se referir à aplicação final de texturas na superfície, iluminação e efeitos para completar um objeto 3D, uma cena ou animação.

Renderização Processo para transformar dados brutos de imagem e o conjunto de instruções do programa em uma nova imagem ou animação. Em aplicativos 3D, significa utilizar uma textura superficial para envolver um corpo em 3D criado como modelo em linhas, com o objetivo de criar paisagens realísticas ou transformar figuras esquemáticas em personagens. A cobertura costuma ser combinada a outro efeito (como o de luz) para aumentar o realismo.

Resolução Gradação da qualidade, definição ou claridade com que uma imagem é reproduzida ou exibida em, por exemplo, uma fotografia, ou em escâner, tela de monitor, impressora ou outro dispositivo de saída.

Restrição Instalação em alguns aplicativos para restringir um ou mais itens dentro de outro. Por exemplo, na apresentação da página de um aplicativo, o ícone de uma caixa (o item "restringido") localiza-se no ícone de outra caixa (a caixa "que restringe").

Retoque Altera uma imagem, desenho ou filme para modificar ou remover imperfeições. Pode ser feito utilizando métodos mecânicos (estiletes, tinta ou corantes) ou digitalmente, com o Photoshop ou pacotes similares.

RGB Abreviação de "Red, Green, Blue", cores primárias do modelo de cores aditivo usadas em tecnologia de vídeo (incluindo monitores) e em gráficos que não serão impressos pelo processo de quatro cores (CMYK). Como exemplo, as imagens na web.

Seletor de cores Sistema de cores mostrado no monitor do computador. O seletor de cores pode ser específico para um aplicativo (como o Adobe Photoshop), um sistema de cores de terceiros (como o PANTONE®) ou do sistema operacional.

Sem Ondulação Técnica que remove os pontos de retículas padrão de uma imagem, para evitar a ocorrência de um um padrão moiré indesejável quando uma nova tela de retícula é aplicada.

Serrilhado ou pixelização (aliasing) O termo descreve a aparência serrilhada de imagens ou fontes em bitmap, resultantes de resolução insuficiente ou ampliação excessiva.

Shareware Software disponível para grupos de usuários, mídias distribuídas em revistas, etc., comumente pago apenas por quem decide continuar a utilizá-lo após um tempo de uso. Shareware não deve ser confundido com Freeware, que tem uso livre por tempo indeterminado.

Sombreamento Em softwares 3D, a cor resultante de uma superfície devido à incidência de luz em ângulo.

Sombreamento Gouraud Método para acrescentar sombreamento a um gráfico 3D pela manipulação de cores e nuances ao longo das linhas de determinados vértices, calculados em cada face do polígono. É mais rápido que o sombreamento Phong, mas os resultados não são realísticos.

Sombreamento Phong Método superior, mas demorado, de renderizar imagens em 3D e que computa o sombreamento de cada pixel. Costuma ser reservado para a renderização final.

Suavização (Smoothing) Refinamento de imagens em bitmap e textos através de Suavização de Serrilhado. A suavização também é utilizada em alguns aplicativos de desenho, aplicada a um demarcador para suavizar uma linha, e em softwares de modelagem em 3D, aplicada aos polígonos individuais para melhorar a resolução na renderização final.

Suavização de Serrilhado (antialiasing) Técnica para eliminar o efeito serrilhado de imagens em bitmap ou textos reproduzidos em equipamentos de baixa resolução, como monitores. Isso é obtido adicionando-se pixels de um tom intermediário, mesclando as extremidades grosseiras da cor de um objeto com as do fundo.

Tamanho da imagem Descrição da dimensão de uma imagem quanto às dimensões lineares, resolução ou tamanho original do arquivo digital.

Temperatura de cor Medida da composição da luz. Isso é definido como a temperatura (medida em escala Kelvin) em que um objeto negro é aquecido, objetivando produzir uma cor específica ou luz. A temperatura da luz do sol incidente é de 5.000 K, considerada como padrão visual em artes gráficas.

Tempo real Tempo em que as coisas acontecem; em seu computador, portanto, é um evento que corresponde à realidade.

TIFF, TIF Abreviação de "Tagged Image File Format". Formato padrão de arquivo gráfico desenvolvido originalmente pela Aldus (agora incorporado à Adobe) e pela Microsoft. Utilizado para imagens digitalizadas, de alta resolução, em bitmap e para separação de cores.

Tom Tonalidade ao se adicionar branco a uma cor sólida.

Tonalidade/tom contínuo Grau de diferença entre tonalidades adjacentes em uma imagem (ou no monitor), do mais claro ao mais escuro. Alto contraste refere-se a uma imagem com grandes destaques e sombras escuras, mas com pouca nuança entre elas, enquanto uma imagem de baixo contraste é aquela de mesmo tom e poucas áreas escuras ou destaques.

Tons de cinza Renderização de uma imagem em um espectro de 256 níveis de cinza, do branco ao preto.

Tornar Nítido Aumento da nitidez aparente de uma imagem mediante aumento do contraste entre os pixels adjacentes.

Trabalho artístico Qualquer desenho, pintura, fotografia ou outro material gráfico, tanto físico como em mídia digital, preparado para uso em animação.

Traçado de raios (raytracing) Representação em algoritmo que simula as propriedades físicas e ópticas dos raios de luz e o modo como refletem em um modelo 3D, produzindo sombras realísticas e reflexões.

Transposição Alteração da posição de duas imagens quaisquer, ou devido ao design ou porque estão na ordem errada. Por exemplo, camadas de imagens podem ser transportadas quando uma camada mais baixa e outra mais alta são posicionadas de modo revertido. Películas de animação podem ser transpostas de modo similar.

Vetor Descrição matemática de uma linha definida em termos de dimensões físicas e direcionamento. Vetores são utilizados em pacotes de desenho para definir formas (gráficos vetoriais) que podem ser reposicionadas ou redimensionadas à vontade.

Índice

3ds Max, 140, 152

Ablestock.com, 181
abordagem baseada em objetos, 132
ação
  em linha, 67
  secundária, 102
ACD, 25
aceleração, 168-9
aceleração/desaceleração, 168
achatamento de camadas, 38, 50
Action Safe, áreas, 163
Action Script, 160-1
adereços, 138-9
adicionando Estilos de Camada, 48
administração, 178
Adobe, 12, 18, 20-1, 22, 24-25, 27, 28, 32, 36, 38-9, 60, 66, 75, 96, 114, 126, 128-9, 138-39, 160, 167, 197
aerógrafo, 88, 96, 128
Afresco, 204
After Effects, 21, 28, 162-3
agências de publicidade, 10, 176-7, 178-9
agentes, 178-9
agrupamento de objetos, 168-71
água, 26, 53, 132, 136, 151, 205
AI, 197
alças, 74-7, 129, 168
algoritmos, 152
alienígenas, 134, 138, 143
alinhamento, 135
amor, 102
amostras, 78
anexo, 197
ângulos, 111, 118, 135, 154
animação, 12, 14, 21, 28-9, 42, 67, 96, 121, 136, 138-9, 140, 151, 156-71, 196
  de bitmap, 160
  vetorial, 160-61
Animation System, 140
anuários, 178
aperfeiçoamento do produto, 140
Apple, 10, 12, 14, 139, 184, 195, 197
aproximação/zoom, 14-15, 152
aquarela, 42, 90, 93
arbustos, 132
área suplementar, 107
áreas de sombra, 144, 146
Arestas Brilhantes, 208
Arestas Posterizadas, 204

arquiteto, 90
arquivos, 12, 197
arquivos de áudio, 162, 165
artefatos, 58
árvores, 132
ASCII art, 47
Assistente de Calibrador de Tela, 192
atmosfera, 152
atualizações, 13, 140, 174, 195
Autodesk, 21, 26-7, 28-9, 140
AutoDesSys, 140
autossombreamento, 56
autotracing, 126
aviões, 64, 119, 166, 167
avisos, 178

Bacon, Francis, 140
baixar, 158, 160, 180-1
baixo-relevo, 36-7, 56
banco de imagens, 34, 66, 178, 181
bancos de fotos, 66
banda larga, 160-1, 197
banner, 28, 160, 174, 184
beco sem saída, 102
Bézier curvas/demarcadores, 20, 24, 72, 74-7, 127, 128-9, 142-3, 165, 168
Bézier, Pierre, 24
Bicúbico, 47
Bilinear, 47
birô, 188
bitmaps, 18, 20, 22-3, 28-9, 42, 44, 46-7, 56, 68, 80, 84-5, 90, 109, 110, 126-7, 128, 138, 148, 151, 152, 154, 160-1, 185-86, 196-97
bloqueio de navegação, 170
boca, 138-9, 162
boca (em fonemas), 139
bochechas, 63
bolhas, 94
bordado, 209
bordas, 93, 104, 126, 128-9, 139, 143, 144, 146-7, 150, 152, 185, 208
Borracha, 52, 98
borrado/desfocado, efeito, 36, 52-3, 57, 58, 66-7, 140, 150, 152-3, 155, 158, 185, 202, 208
Borrar, ferramenta, 52
brilho, 34, 51, 60, 149, 153, 193
Bryce, 21, 26, 132, 134-7
buffers, 155

cabeças, 138, 143

cabelos, 63, 99, 139
cadência, 158
calibração, 192-3, 195
Caligari, 140
camada ativada, 48
camadas, 18, 20, 22, 38-41, 46, 48, 50-3, 54-5, 60-1, 62-9, 72, 84-5, 96, 99, 104, 111, 155, 161, 162, 165, 166-7, 177, 196-7
Camadas de Ajuste, 51, 67-8
câmeras, 10, 16-7, 38, 54, 126-7, 152, 184, 194, 200, 203
campo de visão, 152
canais alfa, 46, 57-8, 154, 196
canela, 168
Caneta, ferramenta, 24-5, 39, 64, 74-5
caneta-tinteiro, 93
cantos, 74, 76-7
forçados, 76
características naturais, 110
Carimbo, 37
Carrara, 27
cartão de crédito, 181
cartão postal, 191
cartuchos, 17
carvão, 93, 207
caule, 129
CD-ROMs, 28, 180-81
CDs, 12, 21, 28, 175, 177
cel shading, estilo, 96, 98
céu, 132, 136
chamas, 64-5
chanfro, 56-9, 111
chão, 27, 97, 147, 154
chapas de impressão, 184
Cheetah3D, 140
CIE-Lab, 194
Cinema 4D, 140-1, 146, 152, 155
Cinemática
  direta (FK), 168, 170
  inversa (IK), 168, 170
Cisalhamento, 162-3, 166
ciúme, 102
clichês, 6, 126, 177
clientes, 16, 154, 174-80, 194-5, 197
clip art, 64, 123, 180
CMYK, 78, 184, 188-91, 192-95
codecs (compactador/descompactador), 197
colagem, 66
colorização do trabalho artístico, 60-1

218

REFERÊNCIAS

ColorSync, 192, 195
combinação de cores, 192
compactação, 197-8, 200, 203
compatibilidade entre as
    plataformas, 175
compensação, 180
componentes elétricos, 110
composição, 32, 38, 66, 139
computadores, 6-7, 10, 12-3, 14-5,
    16, 21, 29, 44, 47, 66, 146, 152,
    158, 184,188,196-7
comunidade de usuários, 140-1
configuração
    das propriedades, 147
    do espaço, 14-5
consistência, 81
contador, 179
contornos, 60-1, 84, 104, 114, 126,
    128, 139
contraste, 34, 51, 60, 62, 144, 147, 200
contratos, 178
controles deslizantes, 34, 73, 78, 193
coordenadas polares, 205
cópias/copiar, 12, 67, 72, 90, 104,
    115,132,197
cópias de segurança, 12, 197
cor, 96-9, 118, 148
    principal, 86
cordilheiras, 132
Corel, 18, 21, 23, 26, 32, 39, 42
CorelDRAW, 20, 25, 90
cores
    aditivas, 188, 191
    subtrativas, 188, 191
cortar, 111
cortar trabalho artístico, 111
cosseno, 111
craquelê, 209
Crayon Conte, 207
créditos, 175
criar Malha de Gradiente, 129
cristalizar, 206
cronograma de desenvolvimento, 141
CRT (tubo de raios catódicos), 14
cubos, 27, 134, 143
curva de função, 168-9
curvas, 76-7, 142-3
Curvas, controle, 35, 58
cuteway (raio-x), 116

DAZ, 27, 138
degradê, 52, 72, 80, 86, 111, 114-
    5, 127

linear, 80, 82, 86, 127
degradês de múltiplos pontos, 127
Demarcador Composto, 83
demarcadores, 24, 39, 64, 72, 74-7,
    90, 93-5, 105, 111, 127, 129, 142,
    163, 165,196
demarcador fechado, 75
densidade da malha, 143
dentes, 63, 138
desaceleração, 168-9
desempenho, 12
desenho
    de personagem, 100-3, 139, 143,
        144, 152, 161, 165, 168-70
    explodido, 86-9, 110, 117
    técnico, 46, 90, 114-7
Desenho, modo, 164-165
desenhos, 24-5, 70-129, 142, 158,
    161, 186
desenhos animados, 57, 65, 67, 100-
    3, 121, 132, 138-9, 140, 165
Desfazer, 48
Desfoque Gaussiano, 36, 58, 200,
    203
Desfoque Radial, 200
destaque, 97, 99, 111, 129, 144,
    149, 155
detalhe, 102, 107, 135, 148-51, 158
diagramas, 110, 113, 118-25
    estatísticos, 122-5
    ilustrativos, 118-21
diálogo, 102
dicas, 140
difusor, 144, 155, 208
dimensionar, 15, 23, 110, 114-5,
    128-9, 132, 162, 165, 167
DIMM, 13
Director, 28, 160
direitos, 180
direitos autorais, 104, 121, 180-1
    liberados, 180-1
diretores de arte, 66, 177-8
disco rígido, 10, 12, 29, 141
    externo, 12
discursos, 102, 162
Disney, 100
dispersão, 90, 93-4
distorção, 20-1, 37, 90, 128-9,
    139, 205
distorção envelope, 128-9
Divisão, modo, 50-1
dobra, 149, 178
dobrinha, 149

dominar o mundo, 102
dpi (pontos por polegada), 23, 186-7
duplicações, 37, 61, 62, 88, 104,
    114, 155
DVDs, 21

edição, 76-77, 104, 109, 128-9, 197
edifícios, 110
editores, 10, 16-7
    de arte, 175, 176-7
efeitos
    de pinceladas, 24
    especiais, 34
    metálicos, 115
    redemoinho, 205
Efeitos de Iluminação, 48, 57-8
Eixo(s), 143, 152, 158, 170
    x, 143, 168, 170
    y, 143, 168, 170
    z, 143, 168, 170
Electric Image, 140
Elements, 39
e-mail, 16, 23, 174, 177, 197
embalagens, 128
emoção, 102
empilhamento, 72, 84-5, 161
emprego, 180
encomenda, 54, 176
engenheiros, 90
engrenagem, 114-5
enredo, 102
entrada, 16-7, 194
entrega, 174
Enviar, comando, 84
envio de mensagens, 178
EPS, 197
erros, 139, 192
esboços, 16, 60, 126, 176
escâner de mesa, 16-7
escâneres/digitalizar, 10, 16-7, 26, 34,
    60-1, 66, 126, 180, 190,194, 200
escâneres/mesas digitalizadoras de
    filmes, 16-7
escurecimento, 50
esferas, 109, 134, 148, 154-5
Esferizar, filtro, 39, 40, 162, 205
espaço de conexão, 194
espaçonaves, 134
especificações, 141
espelhamento, 136
esponja, 204
esqueletos, 84, 170
Estilos de Camada, 56

Índice

estrada subjacente, 104
estradas, 104, 110
  principais, 104
estrutura, 102, 118, 143
externa, 142
estúdios de design, 10
estúdios, 29, 42, 144
eventos em movimento, 162
executivo de contas, 178
Expandir, 80
experiências, 44, 92, 167
exportar, 17, 28, 128-9
exposição, 165
expressão, 138
extrusão, 20, 208

fabricante, 10, 186
face, 138, 142-3
fantasmas, 29
faturas/notas fiscais, 16, 178-9
faturas vencidas, 178
ferramentas, 6
Ferrovia, 104
ficção, 132, 134
figuras, 138-9, 162
filme
  35 mm, 16-7
  APS, 17
filmes, 21, 27, 42, 136, 139, 148, 151, 152, 158, 161, 162-3, 184, 197
  tradição, 102
filtros, 35-7, 42, 48, 56, 58, 64, 127, 162-3, 166, 200-9
  artísticos, 204
  de estilização, 208
  de pixelização, 206
Final Cut Pro, 139
fisionomia, 138
Flash, 21, 28-9, 160-1, 164, 197
florestas, 153
fluxo, 176-7
foco, 102, 107, 144, 147, 153
fogueiras, 144
folha, 129
fonte de imagem, 180-1
form•Z, 140
formas, 20, 24, 47, 57, 75-7, 78, 80, 90, 96-7, 128-9, 138-9, 142-3, 148
  orgânicas, 142-3
Formas Personalizadas, 165
formatos
  de arquivos, 28, 66-7, 109, 154-5, 160, 177, 196-9

de transferência, 196-7
  nativos, 196-7
fotocompositora, 185
fotocópia, 207
fotografia, 7, 34-7, 118, 126-7, 144, 146, 148, 152-3, 176, 181, 190, 200
fotomontagem, 38-41, 54-5, 66, 158, 176
fotos, 34, 37, 38, 40, 47, 62
fragmentar, 206
freelance, 180
freeware, 140
FTP (protocolo de transferência de arquivos), 177
fundo, 48, 60-1, 136, 138, 144, 146, 149, 154, 161, 165

G4/5 processadores, 12
gama, 190, 193, 194-5
garantias, 13
garrafas, 149
GB (gigabytes), 12, 67
gerenciamento de cores, 192-5
gerente de contas, 177
gestos, 102
GHz (gigahertz), 10-2
GIFs animados, 166-7
GIFs, 166-7, 199
Giz & Carvão, 207
grades (grids), 47, 66, 75, 110-1
gráficos
  de barras, 122-5
  profissionais, 10
grama, 94
granulado, 58, 210
gravação, 161-162, 196
guia de tamanho de impressão, 184-7
guias, 75
  inteligentes, 75, 111

Harmony, Toon Boom, 28
HDRI (High Dynamic Range Imagery), 140, 152-3
Hemera Photo-Objects, 181
hierarquia em cascata, 170
hierarquias, 168, 170-1
histogramas, 34-5
histórias em quadrinhos (cartuns), 57, 65, 67, 100-3, 123
histórias simultâneas, 102
humor, 102

ICC (International Color Consortium), 192, 194-5
ICM, 195
Illustrator, 20, 24-25, 27, 75, 80-83, 84, 86, 88, 90, 92, 93, 109, 111, 114, 126-9, 197
iluminação, 26, 96, 132, 136, 144-7, 152-3, 155, 208-9
  da cena, 152-3
  de dois pontos, 146
  de três pontos, 144, 146
  frontal, 62
  global, 152
  virtual, 147
iluminações negativas, 147
ilustração em multicamadas, 66-9
ilustrações mono, 178
iMacs, 14
imagens
  encontradas, 180-1
  estáticas, 148
ImageReady, 167
importação, 16, 161, 165, 196
impressão, 16-7, 23, 24, 36, 64, 184
impressionistas, 6
impressoras, 10, 17, 129, 191, 194-5
  a laser, 17
  de jato de tinta, 17
incidentes, 102
inclinação, 111
InDesign, 109
iniciantes, 179
instâncias de símbolos, 161
instruções, 176-7
Intel, 12
interatividade, 28, 160-1, 164
interfaces, 27, 39, 44, 134-5, 141, 164
internet, 21, 28, 47, 66, 158, 160, 161, 179, 180-1, 195, 197
Internet Explorer, 160
interpolação, 15, 23, 24, 47, 158, 161, 163, 165, 168-9, 186-7
  cúbica, 168
  linear, 168
  passo a passo, 168
isométricos, 46, 88, 90, 110-3

Java Script, 160
jornais, 176, 178, 186
JPEG, 109, 177, 197-9, 203

lábios, 63, 162

Laço, ferramenta, 39, 52
ladrilhos, 208, 209
   do Mosaico, 209
lâmpadas, 144
Lápis, ferramenta, 24-5, 42
Lata de Tinta, 60
laterais, 111
LCD (tela de cristal líquido), 14-5
Lea, Derek, 174
legenda, 65, 118
legibilidade, 15, 196, 200
letras, 65, 118
Letreiro, ferramenta, 52
licença limitada, 180
Lichtenstein, Roy, 64
LightWave, 21, 26-7, 28-29, 140, 152
limiar, 62-3
linha
   aberta, 75
   delineada, 116
   do tempo, 21, 28, 158, 161, 162-165, 168
   monocromática, 185
linhas, 96-9, 104, 116
   de movimento, 67
Live Trace, 126-7
livros, 180, 186, 191
logotipos, 28, 128, 154, 170
lpi (linhas por polegada), 186
lua, 132
lucro, 180
luminância, 155, 193
luz, 66
   ambiente, 144, 147
   de área, 144, 147
   do dia, 193
   do sol, 144
   especular, 155
   natural, 144
Luz Direta, 50
luzes
   de fundo, 97, 144, 146
   de preenchimento, 144, 146
   distantes, 144, 146
   principal, 144, 146
luzes-chave, 144, 146

Mac (Macintosh), 10, 12, 141, 175, 192-3, 195
Mackie, Daniel, 140
malha, 128-9, 143, 168-70
   de gradiente, 80-1, 83, 86, 90, 104, 128-9

mapas, 90, 104-9, 132, 138, 146, 148,181
   de altitude, 132
   de deslocamento, 150-1
   de imagem, 149
   de projeções, 148
   de relevo, 149, 151
   em relevo, 109
mapas-múndi, 109
maquiagem, 63
mar, 132
Máscara de Nitidez, 36, 200
Máscara Rápida, 52
máscaras, 22, 40, 48, 52-3, 57, 67-8, 104, 109, 166, 196, 202
   de camadas, 52-3, 57, 67, 202
materiais, 149-50, 155
matiz, 34, 37
Matiz/Saturação, 37, 59, 68
Maxon, 140
Maya, 21, 26, 28-9, 140, 150-1
MB (megabytes), 12, 197
Mediana, 127, 203
megapixels, 17, 184
Meia-Tinta, 206
Meio-Tom em Cores, 64, 206
membros, 138, 168
memória, 10, 12-3, 29, 141, 146
   virtual, 12
mesa digitalizadora, 32, 42, 164
mesas, 143
mesclagem, 67, 82, 85
Microsoft, 12, 160, 195
mídia de armazenagem, 12, 23, 196-7
mídias naturais, 42-5, 96
miniaturas, 174
modelagem, 20-1, 26-7, 134, 138, 140-155
modelo, 16
   em linhas (wireframes), 26, 135-7, 138, 143, 144
   em linhas isoparamétrico, 143
modelos
   animais, 26
   humanos, 26
   matemáticos, 74-5, 142
modo de mesclagem, 44, 50, 67-68, 85
modos de cor, 78, 188-91
moiré, 200
monitores, 14-5, 22-3, 184, 186, 187, 188, 190, 192-5

montagem, 34, 38-40, 54-5, 66, 176
   de cena, 102
   de lentes, 16
mosaico, 151, 206
motivações, 102
Motorola, 12
Mountain High Maps Plus, 109
movimento, 28-9
   borrado/desfocado, 140, 152, 200, 202
mudança de cores, 128
multimídia, 28, 163
Multiplicação, 50, 61, 62-4, 85, 127

nariz, 138
narrativa, 100-3
navegação, 54, 160, 170
navegadores, 28, 160, 167
neblina, 152
negociação, 178
NewTek, 21, 26, 140
Nikon, 16
nitidez, 15, 34, 36, 162, 186, 200
Níveis, 35, 58, 68, 155
nome, 104
nomeação de camadas, 54
nomes de domínio, 174
Normal, modo, 50, 61, 68, 85
nulos, 170
NURBS (Non Uniform Rational B-Splines), 140, 142-3, 150, 151
nuvens, 64, 76, 132, 166

objetos em forma de S, 142
oceano, leito, 107
olho mágico, 153
olhos, 63, 138
Ondulação, 162
ondulações, 151, 162, 205
onion skinning, 29, 160
opacidade, 44, 50, 89, 93-4, 162-3,166
opções, 75, 152
opções para visualização, 152
OpenGL, 141, 152
orientação, 118
OS X, 12
Ossos, 168-170
otimização, 166-7

pacotes de hospedagem na web, 174
padrões, 36, 66, 90, 93, 148
pagamento, 177, 178-9

ÍNDICE

Índice

Painter, 18, 23, 32, 42-4
PaintShop Photo Pro, 18, 39
PaintShop Pro, 23, 32
paisagens, 26, 132, 134, 138
paleta
 de cores, 47
 web-safe, 47
papel, 17, 18, 20, 23, 48
 de carta, 207
 fotográfico, 17
 molhado, 207
parque, 104
pastas, 155
Pathfinder, 83, 88
PCs, 10, 12-3, 23, 28, 141, 175, 193
PDFs, 17, 129, 197
pé, 168
pedras, 132
pele, 62-3, 138, 149, 170
Pelo Mais Próximo, 47
perfis, 194
permissão, 180
perna, 168
perspectiva, 46, 88, 110, 132, 165
perturbações, 149
peso
 corporal, 138
 da linha, 78
pétala, 129
Photo-Paint, 23, 32
Photoshop, 12, 18, 22-3, 32, 35, 38-40, 42, 44, 45, 47, 48-9, 51, 54, 56-7, 60, 62, 64, 66-9, 96, 109, 127, 132, 138-9, 154-5, 162, 167, 186-7, 190, 196-7, 200-9
pictograma, 126
pincéis
 caligráficos, 90, 93
 personalizados, 93-4, 104-5
pincel
 a seco, 204
 artístico, 92-5, 104
pintura, 18, 20-3, 30-69
Pixar, 100
pixels, 14-5, 17-8, 22-3, 24, 34-7, 46-8, 50-1, 57-9, 60-1, 68, 126, 152, 184-7, 197, 200
Pixels3D, 140
placa gráfica, 12-3, 15, 29, 141, 152
planejamento, 121
Planejamento de Cena, modo, 164-5
planilhas, 164

plano médio, 165
plantas, 104-109
plastificação, 204
plug-ins, 28-9, 36, 42, 48, 56-7, 68, 140, 160, 162, 167
Poeira & Rabiscos, 203
polígonos, 140, 142-3, 151
pontilhismo, 206
ponto
 branco, 193
 de caneta, 110-1
 de canto, 74
 de curva, 74
 de luz, 144, 146
 médio, 35
pontos, 78, 104, 142
 de cores, 129
pop art, 62-5
poro, 151
portfólios, 174, 179
pose, 138
Poser, 21, 26, 132, 134-5, 138-9
pós-processamento, 155
pós-produção, 29
Posterizar, 56, 127
PostScript, 17, 54, 128
ppi (pixels por polegadas), 22-3, 185-6
prática profissional, 172-81
prazos, 176
preenchimento, 24, 46, 72, 78-83, 86, 90, 104-5
Preenchimento do Gradiente, 80
preenchimento radial/gradiente, 80, 82-3, 127
Premiere, Adobe, 139
pré-planejamento, 121
pré-processamento, 58, 127
pressão, 42, 164
preto e branco, 178
primeiro plano, 165
primitivos, 26, 134, 143
processadores, 10, 12-3, 29, 67, 141
processo da cor, 190-1
Profissional, Modo, 192
profundidade, 111, 114, 146, 152-3
 de campo, 153
programas
 de desenho, 24-5
 de edição de fotos, 32
projeção
 cilíndrica, 149
 de sombras, 104

 esférica, 148
 plana, 148
projetistas de jogos eletrônicos, 110
proporção, 15, 111
Propriedades dos Objetos, 165
provas, 16
Próximo Objeto Abaixo, 84
PSDs, 66, 155, 196-7
publicação, 175, 178, 199

quadris, 168
quadro a quadro, 158, 161, 167-8
quadros-chave, 158, 163, 168-9
qualidade de imagem, 152, 166, 197-8
QuickTime, 28, 197

radiosidade, 152-3, 155
raio, 143
raio de sol, 166
RAM (memória de acesso aleatório), 12-3, 67, 141
rasterizar, 65, 128-9, 185-6
rastro de vapor, 89
reamostragem, 186-187
recortes, 52
recursos extras, 140
redimensionar, 72
referências técnicas, 184-209
refletores, 144, 146-7
reflexo, 26, 136, 138, 152-3
refração, 152-3
relação de parentesco, 168
renderização em etapas, 155
renderizadores terceirizados, 140
renderizar, 26, 29, 32, 42, 68, 136-7, 140-155, 158, 165, 168-70
repintar, 88
reprodução, 161, 167, 180, 185, 187
resolução, 14-5, 16, 21, 22-3, 42, 47, 67, 85, 109, 126, 129, 137, 142-3, 149, 151, 163, 184-7
respiração, 139
retícula, 64, 184, 185, 187, 199
reutilização de imagens, 121, 132
revistas, 12, 176, 178, 184, 186
 em quadrinhos, 65, 100, 102
RGB, cor, 78, 149, 188-90, 192-5
rios, 104, 109
RIP (Rastor Image Processor), 17
ritmo, 102
roda de cores, 37, 78
rotação/giro, 128, 162, 167-71

rótulos, 128, 149, 165, 177
roupas, 139
ruído, 127, 166, 200
Ruído, filtro, 58, 199, 200

Safari, 160
saída, 16-7, 128, 158, 184-6, 194-5, 196-7
saliências, 76-7, 149
salvar, 12, 67, 196-7
saturação, eliminar, 190
seção transversal, 142
seleção, 40, 46, 48, 60-1, 64, 128
sem perdas, 24, 114, 197, 198
separação de cores, 184
sequências de títulos, 163
setas, 112, 113, 118
shareware, 65, 140
Shockwave, 28
significado, níveis de, 102
SimCity, 110
Sincronização Labial, 165
sistema operacional, 10, 12, 65
sistemas de transferência, 160
sobrancelhas, 138
sobreposição, 67, 75, 161, 191
Softimage, 140
software, 10, 12, 14, 15, 17, 23, 28-9, 34, 42, 47, 56, 66, 74-5, 78, 90, 121, 123, 126-7, 128, 136, 138, 142-3, 149, 152, 154, 158, 167, 168, 186, 194-5
sol, 132
som, 162-3, 165
sombras, 63, 96-8, 104, 127, 144, 146-7, 149, 151, 152-3, 155, 162, 166, 186, 190
sombreado, 96, 115, 152
sombreamento, 24, 32, 46-7, 56-7, 62-5, 72, 80, 89, 90, 96, 97-9, 114, 118, 122, 127, 128-9, 152-3
sombreamentos pseudo-3D, 57
Sorenson Spark, 161
Steadman, Ralph, 140
Strata 3D, 140
suavização de serrilhado, 46, 129, 152, 185
subdivisão, 140, 142-3
Subexposição, ferramenta, 63
Sucção, 205
Superexposição de Cores, 68, 85
superfícies, 26, 90, 140, 142-3, 144, 146, 148-9, 151

brilhantes, 140, 148
contínuas, 143
facetadas, 143
sutileza, 102
System Preferences, 192

tamanho
 da imagem, 186-7
 de arquivos, 23, 67, 136, 158, 166-7
TCB (tension, continuity, bias) (tensão, continuidade e inclinação), 168
Tekton, 65
telas, 14-5, 22, 186, 188, 195
 IPS, 14
 TN, 14
 VA, 14
televisão, 163, 188
temas, 102
temperatura de cor, 193
tempo, 132
terreno, 132, 135
teste de renderização, 150, 158
texto, 15, 65, 68, 102, 161, 165
textura, 21, 26, 32, 42, 58, 66, 114, 132, 136-7, 148-51, 204, 207, 209
texturizador, 209
TIFFs, 109, 154, 197-8
Tinta, ferramenta, 165
tintas, 23, 186-7, 188, 190
Title Safe, 163
tonalidade, 36, 96-9, 106, 116, 138, 186,193
 contínua, 18
tons
 de cinza, 52, 57, 148-9, 207, 209
 médios, 193
Toon Boom Studio, 21, 28, 164-5
topografia, 106
Toques de Tinta, 204
tórax, 139
trabalho
 artístico em 2D, 42, 46-7, 57, 142, 149, 154-5, 165
 artístico em 3D, 12, 14, 18, 20-1, 26-9, 32, 38, 46-7, 66, 68, 109, 113, 121, 122, 127, 128, 130-55, 158, 162, 165, 168-71,196
 com linhas, 114, 126, 185
 contratado, 180
 freelance, 180
 sob encomenda, 176

traçado de raio, 26, 144-6, 152-3
tracejado, 126-7
traço, 23, 72, 78-83, 90, 92-5, 104-5, 127
transformação, 72, 132
transparência, 67, 72, 85, 117, 128, 136, 138, 144, 146, 149, 152
transparências, digitalização, 16-7
transporte, 174
triângulos, 89, 142, 151
trilha de áudio, 165
trueSpace, 140
tubos, 52, 142

US Animation, 164

valor, 178-181
valores de pontos flutuantes brilhantes, 153
Varinha Mágica, 60
varredura, 142
Vento, 208
versão editada, 141
vetores, 18, 20, 28, 32, 47, 68, 126-7, 132, 160-1, 164-5, 185, 186, 196-7
vídeo, 28, 47, 139, 160-1, 197
vidro, 149
Vidro, filtro, 205
vilões, 102
violação de direitos autorais, 180-1
Visão do Topo, 165
visões
 ortográficas, 152
 paralelas, 152
visualizar, 84, 135-6, 190
vitral, 209
volume, 97

Walk Designer, 138
Warhol, Andy, 62
websites, 22-3, 28, 47, 57, 67, 158, 160, 163, 167, 174-5, 178-9, 184, 197
Windows, 12, 195

Zigue-zague, 205
ZZ Top, 47

Créditos

Colaboradores
Ilustração em 3D: Simon Danaher
Animação: Nick Clarke
Diagramas: Trevor Bounford

Créditos de Imagens
t (topo); a (abaixo)
p. 29t Passion Pictures/EMI,
a Toon Boom Studio;
p. 33 Steve Caplin;
p. 38-41 Steve Caplin;
p. 47t E-Boy,
a FlipFloFlyin;
p. 54-55 Steve Caplin;
p. 66-69 Bradley Grosh e Anders Schroeder para Digital Vision;
p. 81 Trevor Johnston para Macromedia;
p. 100-103 Leo Hartas;
p. 129 Adobe Systems Incorporated;
p. 141 Daniel Mackie;
p. 159 Alceo Baptistao da Vetor Zero;
p. 160-161 Inkspot Digital Ltd.;
p. 164-165 Toon Boom Studio;
p. 175 Derek Lea;
p. 176-177 Steve Caplin;
p. 181 Ablestock.